L'écopelouse

Pour une PELOUSE vraiment ÉCOLOGIQUE

À ma fille Mia, à mon fils Éloïc
et à tous les enfants de la terre,
pour qu'ils aient un avenir plus vert.

L'écopelouse

Pour une PELOUSE vraiment ÉCOLOGIQUE

Micheline Lévesque, M. Sc., agronome

Catalogage avant publication de Bibliothèque et Archives nationales du Québec et Bibliothèque et Archives Canada

Lévesque, Micheline, 1959-

L'écopelouse : pour une pelouse vraiment écologique

(Bouquins verts)

Comprend des réf. bibliogr.

ISBN 978-2-923382-21-0

1. Écologie des pelouses. 2. Pelouses - Entretien - Aspect de l'environnement. 3. Pelouses - Maladies et fléaux, Lutte contre les. I. Titre. II. Collection.

SB433.L48 2008 635.9'647 C2007-942552-6

Remerciements

Je tiens à remercier tous les écotechniciens employés de Solutions Alternatives Environnement (SAE) et les inspecteurs des villes qui ont contribué, au fil des ans, au questionnement et à l'avancement des connaissances reliées aux problèmes des pelouses urbaines. Merci à Jean-Baptiste Wart de la compagnie Gloco et Paul Jenkins de Wildflower Farm pour les précisions techniques. Merci aussi à tous les proches collaborateurs, tout particulièrement à Martin Couillard, coordonnateur chez SAE, pour les kilomètres parcourus à échantillonner, photographier et analyser les différentes problématiques «pelousiennes» rencontrées chez les citoyens des villes du Québec.

Crédits photos

Toutes les photos sont de l'auteure, sauf celles des pages 8, 10, 15 (bas), 18, 33, 37 (haut), 39, 40, 50, 52, 53 (bas), 54, 56, 66, 70, 71, 76 (bas), 80 (haut), 83, 85, 89, 91 (bas), 108, 111 (haut), 118, 136 (haut), 142, 143 (haut), 146, 154, 155 (haut), 156 (haut), 158, 160, 163, 171, 180 et 190 (bas) qui sont de Horti Média – Bertrand Dumont, celles des pages 11, 12, 17, 23, 24, 28 (droite), 57, 64, 65 (haut), 88 (bas), 92, 122, 125 (bas), 145 (bas), 153, 161, 162, 164 (bas), 166 (bas) et 168 qui sont de iStockphoto, celle de la page 179 qui est d'Isabelle Beaudet et de la page 191 qui est de Jeff Watson. Les illustrations des pages 15 et 38 sont de Sébastien McKinnon.

Bertrand Dumont éditeur inc.
C. P. n° 62, Boucherville
(Québec) J4B 5E6
Tél.: (450) 645-1985
Téléc.: (450) 645-1912
(www.dumont-editeur.com)
(www.petitejuju.com)

L'éditeur remercie :

- la Société de développement des entreprises culturelles (SODEC) du Québec pour son programme d'aide à l'édition.
- Gouvernement du Québec – Programme de crédit d'impôt pour l'édition de livres – gestion SODEC.

Éditeur : Bertrand Dumont

Révision : Raymond Deland

Conception de la mise en pages : Norman Dupuis

Infographie : Horti Média et Charaf el Ghernati

Numérisation et calibrage : Langis Clavet

Dépôt légal – Bibliothèque et Archives nationales du Québec, 2008

Bibliothèque et Archives Canada, 2008

ISBN 978-2-923382-21-0

Imprimé sur papier 10 % post-consommation et FSC.

Imprimé au Canada

TABLE DES MATIÈRES

Micheline Lévesque est détentrice d'un baccalauréat en biologie de l'Université du Québec à Montréal et d'une maîtrise en agronomie au Collège Macdonald de l'Université McGill. Membre de l'Ordre des agronomes du Québec, elle œuvre depuis plus de 25 ans en tant qu'experte-conseil en horticulture ornementale et en agronomie. Elle est conférencière et enseigne pour l'ITA de Saint-Hyacinthe et le Jardin botanique de Montréal. Elle a aussi enseigné au Collège Macdonald de l'Université McGill et le Collège d'Alfred de l'Université Guelph en Ontario. **Ses domaines de prédilection** sont la gestion environnementale, les alternatives aux pesticides de synthèse, la lutte antiparasitaire intégrée et, bien entendu, la pelouse. **Co-récipiendaire** d'un *Phénix de l'Environnement*, elle est l'auteure du *Guide complet des pesticides à faible impact et autres solutions naturelles*. **Elle dirige actuellement** la firme Solutions Alternatives Environnement (SAE) qui offre son soutien aux entreprises, aux municipalités et aux institutions désireuses de prendre un virage environnemental en horticulture.

Et vive la liberté !

Quand vous pensez à ce qu'est pour vous la pelouse idéale, vous vous imaginez peut-être sur un beau tapis vert en train de jouer avec vos enfants en toute sécurité. Où encore vous vous promenez pieds nus et laissez les brins d'herbe vous caresser les orteils.

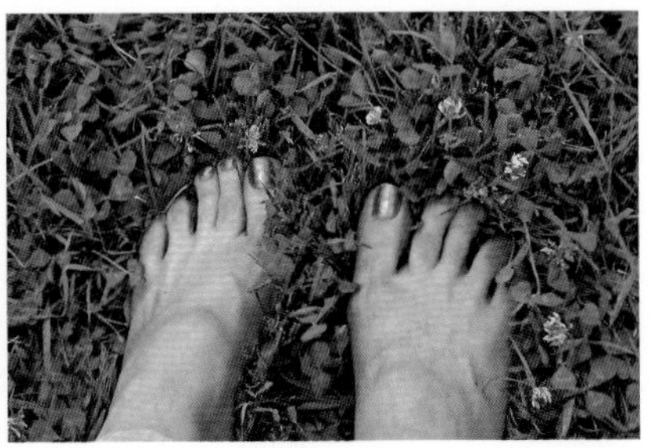

Revenu dans la réalité, vous trouvez que votre pelouse est exigeante ? Vous passez beaucoup de temps à l'entretenir ! Elle vous coûte cher ! En plus, vous vous demandez s'il est écologique d'utiliser toute cette eau, ces engrais et cette essence pour votre tondeuse ? Bref, votre rêve de pelouse est bien loin de la réalité.

Rassurez-vous, il existe une solution pour rapprocher votre rêve de la réalité. Il s'agit de l'écopelouse. Ce type de gestion de gazon est basé sur le fait qu'en faisant coïncider les qualités de votre sol avec un choix de graminées, de légumineuses et de plusieurs autres plantes, vous minimisez le travail... tout en obtenant une belle pelouse verte.

Avec une écopelouse, vous n'arroserez que quelques fois par année, vous n'apporterez de l'engrais qu'à l'occasion et même les sempiternelles tontes seront moins nombreuses. Bref, vous serez libéré des contraintes que vous impose votre pelouse et vous pourrez profiter des autres plaisirs de la vie.

C'est sans compter que vous deviendrez un écologiste d'avant-garde, car vous aurez diminué vos utilisations d'eau et d'engrais ainsi que la production de gaz à effet de serre.

Bien beau tout cela, mais est-ce que ça marche vraiment ? Je peux l'affirmer, car je le pratique depuis des dizaines d'années. En fait, je n'ai fait que suivre les pas de mes prédécesseurs qui ont nourri le sol de fumier et semé des graminées peu exigeantes. Ma pelouse, qui a plus de 50 ans, reste verte tout l'été, malgré les canicules. Elle n'a jamais besoin d'arrosage, ni de pesticides, ni de fertilisation. Elle est sécuritaire pour mes enfants, mon chien et tous les animaux qui y trouvent refuge et nourriture. Je m'y promène les pieds nus sans crainte.

Je me suis libérée de ma pelouse. Je vous propose de faire la même chose. Suivez-moi !

Micheline Lévesque, agronome

La vision nord-américaine du gazon est directement influencée par ce qui s'est fait, et se fait encore, en Angleterre.

La pelouse, on aime un peu, beaucoup, à la folie !

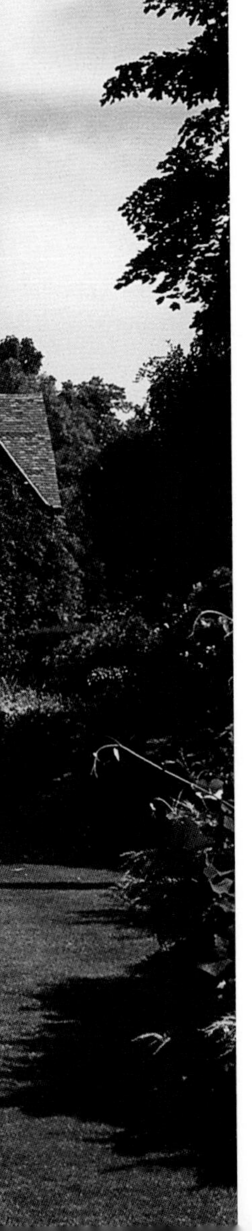

Certains Nord-Américains sont obsédés par le gazon. À un point tel qu'il arrive parfois que des voisins se fassent la guerre si l'une des pelouses n'est pas esthétiquement à la hauteur des attentes et du travail de l'autre voisin. Alors, pourquoi cet engouement autour du gazon ? Pour sa beauté, pour son confort, pour son côté pratique ou même thérapeutique ? La réponse n'est pas simple.

Il faut prendre en compte une série de considérations dont certaines sont économiques, psychologiques, historiques et même esthétiques. Plusieurs personnes, comme l'écologiste John Falk, vont jusqu'à dire que ce serait génétique, que l'humain aurait une préférence biologique pour les grands espaces ouverts, comme les prairies et les savanes, qui, à une certaine époque, permettait de voir les prédateurs et leurs proies de loin.

Un peu d'histoire

Si l'on met les choses en perspective, les pelouses ne sont pas une vieille tradition. Elles sont issues principalement de la civilisation occidentale. Une grande part de leur influence vient donc de l'Europe, plus spécifiquement de la France, puis de l'Angleterre au XVIIIe siècle. Dans ce dernier pays, les aristocrates, influencés par des artistes du paysage (aujourd'hui les architectes paysagistes) comme William Kent et Lancelot Brown, se payaient une armée d'ouvriers pour débroussailler, semer et tailler à la cisaille les champs de graminées qui couvraient les alentours de leurs domaines.

Quand ces aristocrates émigrent aux États-Unis, ils apportent des semences et des végétaux afin de faire pousser la nourriture pour leur bétail, mais aussi pour tapisser de vert leurs propriétés. Leur but est alors de recréer les

Issue d'une autre époque, le paysage formel où les plates-bandes colorées sont encadrées par un beau tapis vert, ont encore la cote chez certains jardiniers.

Gazon

D'abord motte de terre garnie d'herbe, il désigne aujourd'hui de l'herbe courte et fine, plutôt dense.

Graminée

Plante à tige cylindrique, creuse entre les nœuds et portant des fleurs groupées en épillets.

Pelouse

Surface plantée d'herbes et entretenue régulièrement pour en limiter leur hauteur et les maintenir aussi denses que possible.

Herbe

Petite plante non ligneuse dont les tiges meurent chaque année.

grandes prairies vertes de leur Angleterre natale dont ils ont la nostalgie.

Évidemment, le climat des États-Unis n'est pas comparable au climat frais et pluvieux des îles Britanniques. Sous ces conditions humides, le gazon pousse avec aisance sans qu'il soit nécessaire d'y investir beaucoup d'énergie.

Il n'est donc pas surprenant que les graminées qui composent les pelouses actuelles ne soient pas indigènes en Amérique du Nord. Ces herbes de climat frais (et certaines adventices comme le pissenlit) viennent plutôt d'Afrique, d'Asie et d'Europe. Selon certains auteurs, le fameux pâturin du Kentucky, qui constitue aujourd'hui la grande majorité des pelouses québécoises, viendrait fort probablement du nord de l'Europe.

La vision « américaine »

À l'époque, il faut évidemment être bien nanti pour se permettre d'installer des plantes décoratives sur des terres normalement consacrées à la production de nourriture. Ce phénomène est amplifié par Thomas Jefferson, président des États-Unis, qui a été frappé par l'aspect pastoral et la beauté des jardins et des parcs anglais lors d'une visite à Moor Park en Angleterre. Sous son influence, les pelouses de la Maison Blanche deviennent alors le symbole de la réussite et du pouvoir. Les prestigieuses universités américaines emboîtent le pas. Il n'en faut pas plus pour initier un mouvement de « pelousification » qui consacre la pelouse comme indicateur de la classe sociale et comme symbole de la richesse et du luxe.

Toutefois, ce n'est qu'au milieu du XVIIIe siècle, à la suite de l'invention de la tondeuse, que la pelouse se démocratise. Une nouvelle classe moyenne émerge alors de la révolution industrielle et cherche à s'établir hors des villes polluées et souvent violentes. Pour rendre plus attrayante la vie en banlieue, les promoteurs immobiliers et les constructeurs des premiers bungalows couvrent la terre battue des petites cours de graminées à gazon.

Sous l'influence de l'architecte paysagiste Frederick Olmstead, le père de Central Park à New York et du parc du Mont-Royal à Montréal, les maisons sont éloignées de la rue (alors que jusque-là elles étaient collées au trottoir) et entourées de gazon. Les rues sont aussi bordées d'arbres, tout cela pour donner un aspect de continuité et d'horizon. Les premières banlieues uniformes et bien rangées sont nées. La pelouse de style anglais avec sa fraîcheur et sa beauté devient vite un symbole de prestige pour la classe moyenne. Malheureusement, cette vision persiste encore.

C'est au président américain Thomas Jefferson que l'on doit le développement du gazon comme symbole de la puissance et du pouvoir.

Un grand triomphe de la civilisation

«Assurément, le gazon représente un sommet de la culture et un grand triomphe de la civilisation. Bien plus que des cathédrales gothiques, des microprocesseurs ou de la chirurgie au laser, c'est du gazon qu'il faudrait être fier, car c'est lui qui marque le mieux notre victoire sur la nature et notre véritable maîtrise du monde. Le gazon est une réduction d'herbes, une nature parfaitement dominée. C'est l'endroit où le tigre ne pourra jamais se cacher pour nous surprendre. Ridicule, le félin qui voudrait se dissimuler sur une pelouse.»

Bernard Arcand, anthropologue

D'où vient l'obsession de la pelouse parfaite ?

On a une bonne idée d'où vient cet amour pour la pelouse et les grandes étendues vertes. Toutefois, on peut se demander si, à l'époque, ces pelouses étaient strictement composées de graminées. On peut aussi se poser la question à savoir si, aujourd'hui les pelouses des parcs et des résidences en France, en Suède, etc., et même en Angleterre, sont toujours composées de ces mêmes graminées. Les banlieusards du monde entier recherchent-ils ce qui est si important aux yeux de plusieurs banlieusards de l'Amérique du Nord : une pelouse parfaite ? En fait, pas du tout ! À ce titre, l'Amérique du Nord est distincte. Alors, comment expliquer cet engouement pour la pelouse parfaite ?

C'est aux États-Unis que s'est développé le concept des maisons ouvertes sur la rue, bordées d'arbres et de gazon.

Pour le professeur d'histoire Ted Steinberg de l'Université Case Western Reserve en Ohio, le crédit de cette ferveur revient aux Américains O.M. Scott et à son fils Dwight qui étaient à la tête de la fameuse compagnie de produits pour la pelouse *Scott's Company*. Initialement spécialisée dans la vente de semences, la compagnie lance en 1928 le premier engrais à pelouse, le « *Turf Builder* », qui est d'ailleurs toujours vendu. La même année, elle lance le magazine *Lawn Care*. Sous le couvert d'un magazine d'information, la compagnie avait trouvé un excellent moyen pour convaincre les consommateurs que *Scott's Company* ne vendait pas seulement des produits, mais bien une image, un rêve… la pelouse verte et parfaite !

Dans les pages du magazine, on y trouvait des conseils sur les pratiques et les gestes à poser pour obtenir une belle pelouse, ce qui, du même coup, moussaient les ventes de ses produits. En 1958, pas moins de 16 versions différentes étaient livrées aux quatre coins des États-Unis. Chaque version était adaptée aux réalités climatiques et pédologiques locales. La compagnie était prête à s'investir corps et âme dans ce projet pour s'assurer que les États-Unis soient verts d'un océan à l'autre.

Pédologique

Relatif à la pédologie, qui est la science qui étudie les caractères chimiques, physiques et biologiques des sols, ainsi que leur évolution.

Avant la révolution industrielle, les pelouses diversifiées était magnifiques et peu exigeantes. Ce n'est qu'à partir des années trente qu'on a commencé à épandre des engrais de synthèse sur les gazons.

Un coup de pouce de l'armée américaine

Étonnamment, le grand coup de pouce qui va propulser le gazon parfait au rang de symbole de la réussite va venir des militaires américains. En 1940, des chercheurs anglais et américains développent un herbicide puissant capable de détruire les forêts où se cache l'ennemi et d'anéantir ainsi toutes sources de nourriture : l'Agent orange.

Après la guerre, les chercheurs découvrent que, lorsqu'il est appliqué sur une pelouse, le produit en question ne tue pas le gazon (les graminées), mais seulement les plantes à larges feuilles comme le pissenlit et le plantain. Le premier herbicide sélectif est né.

Au printemps de 1947, plus de vingt produits différents renfermant du 2-4D (le produit actif contenu dans l'Agent orange) sont commercialisés. C'est à cette époque que le *4-X Weed Control*, un produit *Scott's Company,* fait son apparition. La même année, le *Weed & Feed*, une combinaison d'engrais et d'herbicide, voit le jour.

La demande est si forte que la production de l'herbicide passe de 14 millions de livres en 1950 à 36 millions en 1960 et à 53 millions de livres quatre ans plus tard. Seulement, il y a un problème. Le 2-4D tue aussi le trèfle. C'est bien un défaut, car, à l'époque, le trèfle est considéré comme une bonne plante pour la pelouse.

Dès les premiers essais, on s'aperçoit que les herbicides tuent le trèfle.

On sait que le trèfle est capable d'extraire l'azote de l'air et de l'ajouter au sol, ce qui équivaut à une application gratuite d'engrais. Dans les premiers temps, la compagnie *Scott's* est elle-même si convaincue que le trèfle est bénéfique à la pelouse qu'elle met en marché un produit appelé « *Clovex* », un herbicide qui épargne le trèfle. Pour certains professionnels, le trèfle connaît la défaveur du public à cause de sa propension à attirer les abeilles et à être glissant. Cependant, d'après l'historien Ted Steinberg, le trèfle a peut-être été une menace à la suprématie de la compagnie *Scott's* sur le marché des engrais. Cette compagnie aurait donc joué un rôle important dans la mise au ban du trèfle dans les pelouses.

À LA PORTÉE DE TOUS

«Avec les progrès de la sécurité sociale, la pelouse est maintenant presque à la portée de tout le monde. Sur le moindre lopin de terre, chacun peut aujourd'hui se construire un Versailles et se trouver ainsi, grâce à sa pelouse, consacré roi du domaine.»

BERNARD ARCAND, anthropologue

Durant plusieurs années, le trèfle et le pâturin du Kentucky ont évolué côte à côte dans une relation écologique de support mutuel. Le fait de retirer le trèfle du mélange rendit le gazon plus difficile à maintenir. Ce «nouveau» type de pelouse devient alors plus exigeant en engrais, en pesticides et en énergie. C'est toutefois le catalyseur d'un nouveau marché très lucratif, qui va littéralement «exploser» dans les années soixante-dix.

Un nouveau marché

Faire pousser un gazon sans trèfle, dans un climat inadéquat, devient alors une bataille de tous les jours. Une lutte qui ne peut jamais être gagnée par le propriétaire... sauf à grand renfort d'engrais, d'eau, de pesticides et de sueurs! Dans ces conditions, l'entretien d'une pelouse est alors complexe et exigeant. Les propriétaires moyens ont besoin d'aide.

Entre les années 1980 et 2000, les traitements chimiques de la pelouse sont devenus très communs.

C'est pour répondre à ce besoin qu'apparaissent dans l'industrie de la pelouse américaine, puis canadienne, les compagnies de traitement de pelouse. Les années soixante voient donc la création de *Lawn-A-Mat*, la première entreprise spécifiquement dédiée à l'entretien des pelouses. D'autres suivent, comme les compagnies *Lawn Doctor*, *Lawn King* et la réputée *ChemLawn*. Deux ans après sa fondation, *Chemlawn* génère des ventes d'un million de dollars. En 1985, la compagnie déclare plus de 300 millions de dollars en revenu. Aujourd'hui, après la fusion des compagnies *Truegreen* et *Chemlawn* et l'acquisition des *Services des Espaces Verts* (*Greenspace*) au Canada, cette compagnie peut dorénavant se targuer d'être la plus grosse entreprise de traitement de pelouse au monde avec plus de 350 millions de clients aux États-Unis et au Canada.

On peut dire, sans se tromper, que l'industrie du traitement chimique des pelouses est née dans les années soixante-dix et qu'à cette époque la pelouse industrielle voit le jour. Elle connaîtra son apogée dans les années quatre-vingt et quatre-vingt-dix, car, après cet âge d'or, plusieurs nuages se profilent à l'horizon.

Dans les années quatre-vingt, plusieurs voix s'élèvent pour remettre en cause l'utilisation des pesticides à des fins esthétiques.

UNE INDUSTRIE IMPORTANTE
À elle seule, la pelouse représente un chiffre d'affaires annuel de deux à trois milliards de dollars au Canada.

Des pratiques remises en question

Au début des années quatre-vingt-dix, après 40 ans d'utilisation, plusieurs spécialistes et citoyens remettent en cause la non-toxicité des pesticides sur la santé des humains. Plusieurs s'élèvent contre une utilisation intensive des pesticides sur des surfaces où les jeunes enfants courent et s'amusent. De longues batailles juridiques s'en suivent et, au Québec, cela mènera à une interdiction partielle des pesticides.

Aujourd'hui, avec les problèmes d'algues bleues que connaissent les lacs du Québec, c'est l'utilisation des engrais qui est remise en cause. Les modèles du gazon parfait et de la pelouse industrielle ont du plomb dans l'aile. Tant mieux!

Vive la pelouse... écologique!

Peut-être avez-vous l'impression que je pars en guerre contre la pelouse? C'est un peu vrai, mais laissez-moi vous rassurer. Je fais partie de ceux et celles qui aiment et apprécient la pelouse. J'en ai plus de 3 700 mètres carrés (40 000 pi^2) dans ma cour et je n'ai pas l'intention d'en réduire la surface.

D'abord parce qu'elle pousse très bien sans grandes interventions de ma part. Ensuite parce que mes enfants y jouent au soccer, au badminton et qu'ils aiment y jouer avec leur chien et leurs amis. Finalement parce que mon conjoint et moi aimons y relaxer et y faire des pique-niques en famille. Personnellement, j'aime tout particulièrement contempler toute cette verdure: c'est beau et c'est thérapeutique du gazon vert!

Alors, si je pars en guerre contre quelque chose, ce n'est absolument pas contre la pelouse, mais bien contre les fausses attentes créées par l'industrie et la publicité. Je suis aussi très critique par rapport à certaines pratiques utilisées pour maintenir des pelouses parfaites, car je sais que ces pratiques contribuent au mauvais état de notre planète.

L'utilisation à outrance des engrais est montrée du doigt dans la prolifération des algues bleues.

Adventice

Plante qui croît à un endroit donné, indépendamment de tout ensemencement par l'homme.

Mauvaise herbe

Dans le cadre de cet ouvrage, le terme mauvaise herbe est utilisé pour désigner les plantes qui sont indésirables et dommageables, particulièrement celles qui causent des problèmes de santé ou des désagréments (dermatite, inconfort, allergies), ou celles qui ont un impact négatif sur l'environnement (potentiel d'envahissement, etc.).

Je dois vous avouer que j'ai la vie facile. Mon gazon est toujours vert, même dans les pires canicules, les **adventices**, ou **mauvaises herbes** pour certains, qui sont présentes, sont pour la plupart tout à fait tolérables et même appréciées. Ma pelouse a plus de 50 ans, elle est plus vieille que moi et elle se porte très bien merci (selon mes standards). Je ne la fertilise que rarement et je ne l'arrose jamais, car elle pousse sur un sol riche. De plus, beaucoup d'arbres l'entourent, ce qui atténue le soleil ardent de l'été.

Toutefois, pour la plupart des gens qui installent une pelouse sur une nouvelle propriété, la réalité est tout autre. Dans la plupart des cas, le sol a été complètement remanié. En règle générale, les nouveaux propriétaires doivent composer avec de la terre de mauvaise qualité. Le plus souvent, il s'agit d'argile grise, de sable ou de remblai rocailleux qui ont été extraits du sous-sol quand on a creusé la fondation. À la surface de cette terre inadéquate pour la culture du gazon, on ajoute quelques centimètres de terre noire, puis l'on déroule le tapis vert.

Si vous vous reconnaissez dans cette description et voulez une pelouse quasi parfaite, vous devrez redoubler d'efforts en arrosant, en fertilisant et en traitant à grand renfort de pesticides pour l'établir, la maintenir et la défendre contre les ravageurs et les mauvaises herbes. Quand on connaît les impacts néfastes de ces pratiques sur l'environnement, il est temps de se demander si on doit les faire perdurer.

J'apprécie ma pelouse qui est peu exigeante et verte de surcroît.

Mes enfants aiment s'amuser sur notre pelouse.

Le temps du changement

Alors, que faire ? Est-ce possible d'avoir une pelouse, sans avoir recours à tous ces engrais, ces pesticides, ces énergies et sans y engloutir temps et argent ? Oui, je le crois fermement !

C'est pourquoi j'ai développé un processus de réflexion et d'apprentissage qui permet de sélectionner le type de pelouse qui convient le mieux à ses attentes. Il explique, à partir du niveau de conscience environnementale, des techniques que l'on désire utiliser, du temps et du budget que l'on souhaite investir, comment choisir le type de pelouse qui convient le mieux à ses besoins afin d'en profiter pleinement.

Ceux qui aiment bien avoir une pelouse à dominance de graminées et qui acceptent d'y investir temps et argent arrêteront peut-être leur choix sur la « pelouse sans pesticide ». D'autres, qui sont moins enclins aux activités reliées à l'entretien de la pelouse et qui sont particulièrement sensibles aux dossiers environnementaux, privilégieront « l'écopelouse ». Pour d'autres encore, l'attrait des plantes indigènes, des couvre-sol, des végétaux d'ornement ou de la biodiversité les amèneront à opter pour des « alternatives à la pelouse », du moins pour certaines zones où la pelouse ne pousse jamais très bien.

Ce livre démontre qu'il n'existe pas une seule option, celle de la pelouse parfaite du vert de golf. En fait, il est tout à fait possible de créer une pelouse à son image, notamment en tenant compte des impacts environnementaux, qui conjugue harmonieusement attentes et investissements. En voici le mode d'emploi !

UN GRAND FANTASME

« La pelouse parfaite, comme le corps parfait, est une illusion, un grand fantasme… C'est aussi un rêve fondé sur deux ressources qui commencent sérieusement à se tarir, le pétrole et l'eau. »

Ted Steinberg, historien

Ce n'est pas le gazon qui pose problème, c'est plutôt la manière qu'il est entretenu qui peut provoquer des impacts négatifs sur l'environnement.

Les impacts de la pelouse sur l'environnement

Depuis quelques années, de nombreuses informations concernant les impacts positifs et négatifs de la pelouse sur l'environnement sont diffusées. D'un côté, il y a les inconditionnels, ceux qui affirment que, quelle que soit la méthode de culture utilisée, le gazon c'est 100 % écologique. De l'autre, ceux qui disent que c'est une aberration que de cultiver du gazon. Que ce n'est pas « naturel », et que, pour y arriver, il faut polluer, s'empoisonner et émettre des gaz à effet de serre. Bien entendu, comme dans toute chose, la vérité se trouve entre ces deux extrêmes.

Malgré toutes les critiques qui reprochent à la pelouse d'être polluante et d'avoir un impact négatif sur l'environnement, il faut donner à César ce qui revient à César. Dans les faits, la présence de pelouse sur une propriété résidentielle, dans un parc, ou ailleurs, présente plusieurs avantages. La pelouse :

- capte le CO_2 et produit de l'oxygène ;
- capte les poussières et le pollen, améliorant ainsi la qualité de l'air ;
- réduit le bruit ;
- contribue à rafraîchir la température et réduire les îlots de chaleur ;
- absorbe les eaux de ruissellement ;
- protège le sol contre l'érosion ;
- offre une surface de jeu sécuritaire et confortable ;
- a un impact psychologique positif ;
- enrichit le sol en matières organiques, stimule la vie du sol et améliore sa structure et sa fertilité quand il s'agit d'une pelouse mixte bien gérée.

Alors, avec autant d'effets bénéfiques, pourquoi la pelouse a-t-elle des détracteurs ? C'est simple ! Si le végétal en lui-même est bénéfique, c'est la manière dont on le traite qui pose problème. Dans les faits, les grands coupables sont donc les techniques et les traitements chimiques utilisés pour soutenir artificiellement la croissance de cette dernière et non la pelouse elle-même.

Depuis près de 30 ans, l'industrie nord-américaine de la pelouse a développé des pratiques où l'on applique d'importantes quantités d'engrais, de pesticides et d'eau pour maintenir les pelouses vertes et touffues, peu importe la température, la qualité du sol ou la période de l'année. C'est contre ces pratiques que plusieurs en ont. Pas contre la pelouse.

La pelouse a des impacts positifs sur l'environnement.

Cela revient à dire que pour bénéficier des mérites et des qualités de la pelouse, et pour en faire profiter les villes et les communautés, il faut faire un choix. Il est donc essentiel de comprendre les enjeux sociaux, de santé et environnementaux reliés aux pratiques « pelousiennes ». On doit aussi clarifier les attentes esthétiques et s'engager à mettre en place des pratiques qui contribuent au respect de l'environnement et de la vie.

Est-ce que cela veut dire qu'il faut éliminer la pelouse ? Certaines villes américaines aux prises avec des ressources limitées en eau payent jusqu'à 21 $ du mètre carré (2 $/pi^2) pour que les citadins et les commerces retirent la pelouse. Certains optent alors pour le xéropaysage (*xeriscape*) et mettent en place des aménagements qui demandent peu d'arrosage. D'autres optent pour des aménagements de petites pierres blanches et de paillis ou pour une pelouse synthétique. Est-ce qu'on doit se rendre jusque-là ? Ne devrait-on pas plutôt modifier les attentes et changer les pratiques pour s'assurer le maintien d'une couverture végétale sur les propriétés et profiter des bienfaits d'une pelouse vivante ?

Lorsque le sol ne peut pas supporter la croissance du gazon, certains se tournent vers des végétaux mieux adaptés ou des matériaux inertes.

Remettre en cause certaines pratiques

Avec la prise de conscience environnementale des années quatre-vingt-dix et dans le contexte actuel des changements climatiques et de pollution atmosphérique, l'utilisation de pesticides, d'engrais, d'eau et d'énergie (tout ce qui est nécessaire pour maintenir une pelouse industrielle parfaite) à des fins purement esthétiques a été remise en cause. Mais quels sont ces véritables impacts ?

Pas les mêmes standards

Il faut être honnête. Les pelouses gérées selon des principes durables – écologiques ne peuvent atteindre les mêmes standards d'esthétisme que celles qui servent à jouer au golf ou celles sur lesquelles on utilise des produits de synthèse pour l'entretien. Toutefois, une écopelouse peut très bien combler des attentes raisonnables, tout en contribuant à la santé de la planète.

L'utilisation des pesticides

C'est bien entendu l'aspect qui est le plus controversé. Aujourd'hui, il existe de nombreuses études scientifiques démontrant un lien entre l'utilisation des pesticides et des dommages possibles à la santé. C'est pourquoi, en tant que société et comme individu, on doit choisir de ne pas les utiliser, à moins que ce ne soit absolument nécessaire (menace pour la santé publique, contrôle des espèces exotiques envahissantes, etc.).

On sait aussi que les pesticides ne tuent pas seulement les ravageurs, mais ils éliminent aussi les insectes bénéfiques dont la présence est nécessaire pour maintenir un équilibre entre les bons et les soi-disant méchants qui font partie d'un écosystème en équilibre. Ces produits chimiques mettent donc en danger le fragile équilibre biologique de la planète.

Selon les données compilées au Canada et aux États-Unis, on utilise 20 fois plus de pesticides par unité de surface en milieu urbain qu'en agriculture. Dans les faits, on répand entre 5,5 et 12,5 kg de pesticides par hectare (1,1 à 2,5 lb/10 000 pi²) de pelouse. Au Canada, les pesticides représentent un marché de 100 millions de dollars.

Au Canada, l'indutrie vend pour plus de 100 millions de dollars de pesticides par an.

L'utilisation des insecticides, fongicides et herbicides, aujourd'hui considérée comme des produits toxiques, sur les pelouses et autour de la maison, augmente significativement les risques d'expositions des enfants, des adultes, des animaux domestiques et sauvages. D'ailleurs selon une étude récente, on a décelé la présence de sept pesticides fréquemment utilisés en milieu urbain dans les effluents des usines d'épuration du Québec. Les coupables : des herbicides tels le 2-4D, le mécoprop et le dicamba ainsi que des insecticides comme le diazinon et le carbaryl. On sait maintenant que la plupart des usines d'épuration ne sont pas équipées pour filtrer ce type de polluant.

Les résultats de toutes ces études encouragent la population à cesser toute utilisation cosmétique des pesticides, incluant tous les usages sur les pelouses et les végétaux ainsi qu'à l'intérieur de la maison.

D'autre part, de plus en plus de groupes, et notamment des associations de médecins, encouragent les citoyens à se joindre aux efforts des personnes conscientisées aux problèmes des pesticides pour mettre en place un règlement régissant l'utilisation de pesticides dans les municipalités, car le traitement des pelouses avec des pesticides expose tous les résidents à ces produits toxiques.

LES ENFANTS SONT TRÈS SENSIBLES

Selon le Dr Kelly Martin, épidémiologiste et urgentologue à Montréal, les enfants ont cinq à six fois plus de risques de développer un cancer, comme la leucémie, lorsque des pesticides sont utilisés une à quatre fois par année sur la pelouse de leur propriété et dans les environs.

DES STATISTIQUES ALARMANTES

Selon la Fondation David Suzuki, les pesticides font des ravages considérables. Dernièrement, cette organisation environnementale a recensé, au Canada, chaque année, près de 6 000 cas d'intoxication sévère liés au contact avec des pesticides. La moitié de ces cas affecteraient les enfants de moins de six ans. Plutôt alarmant comme statistique !

Les vieilles tondeuses à moteur deux temps représentent un vrai problème environnemental.

La tonte et les gaz à effet de serre

Depuis quelque temps, la prise de conscience collective en ce qui a trait aux changements climatiques amène les citoyens à réfléchir aux gestes quotidiens qu'ils posent et à leurs répercussions. Du côté de la pelouse, les spécialistes se sont particulièrement intéressés à la tonte puisque, pour réaliser celle-ci, le plus souvent, on utilise un moteur qui brûle des combustibles fossiles.

Ils ont donc scruté les impacts environnementaux que l'on peut attribuer à l'utilisation des tondeuses à moteur. Ils ont vite compris que ce geste banal contribue au réchauffement de la planète par une production importante de gaz à effet de serre, tel le dioxyde de carbone (CO_2). En fait, une tondeuse à essence **utilisée en moyenne une heure par semaine** produit en une saison 48 kg (106 lb) de GES, soit autant qu'une automobile qui parcourt 550 km.

Au Canada, les équipements d'entretien d'espaces verts munis d'un moteur à essence utilisent 151 millions de litres d'essence qui émettent près de 80 000 tonnes de GES chaque année et contribuent à plus de 5 % de la pollution atmosphérique en milieu urbain. En émettant des oxydes d'azote (NO_X, à l'origine de l'ozone) et du benzopyrène (qui appartient au groupe des HAP), ces équipements favorisent le smog. Le benzopyrène est une substance toxique que l'on trouve dans la fumée de cigarette. Celui-ci est reconnu comme étant potentiellement dangereux pour la santé des gens malades, affaiblis ou ayant des problèmes respiratoires.

À la lumière de ces informations, on ne peut plus considérer la tonte de la pelouse comme une activité physique où l'on respire de l'air frais. D'ailleurs Environnement Canada recommande d'éviter de tondre sa pelouse lors de journées de mauvaise qualité de l'air.

Tout de même, il faut bien couper le gazon. C'est vrai ! Heureusement, il existe de nombreuses stratégies et solutions de remplacement (voir le chapitre : *La pelouse sans pesticide – L'entretien.*)

HAP

Les hydrocarbures aromatiques polycycliques sont des composés présents à l'état naturel dans les hydrocarbures. Très toxiques, ils sont notamment libérés lors de l'utilisation des carburants fossiles. Ils ont des propriétés cancérigènes.

Smog

Brume ou brouillard épais constitué de polluants atmosphériques, dont le principal est l'ozone, et que l'on observe dans les régions humides et industrielles.

Le cas de l'ozone

L'ozone est un gaz irritant et incolore. Il est produit lorsque les oxydes d'azote (NO_x) et les composés organiques volatils (COV) réagissent entre eux sous l'effet des rayons solaires. Environ 95 % des NO_x découlant de l'activité humaine proviennent de l'utilisation des combustibles fossiles tels les véhicules à moteur comme la tondeuse et la voiture. Quant aux COV, ce sont des gaz et des vapeurs à base de carbone comme les vapeurs d'essence (moteur de tondeuse) et les solvants. Tous représentent un danger pour la santé.

La pollution de l'air

Comme on vient de le voir, l'utilisation régulière de tondeuses à essence a un impact non négligeable sur les émissions de gaz à effet de serre et l'intensité du smog. La qualité de l'air s'en trouve affectée. Toutefois, les pratiques entourant la culture des pelouses industrielles influencent négativement la qualité de l'air par bien d'autres façons.

C'est le cas de la fabrication des pesticides et des engrais de synthèse. En effet, leur fabrication demande beaucoup d'énergie (chaleurs intenses), ce qui se traduit par l'utilisation d'importantes quantités de combustibles fossiles. De plus, le transport de ces produits sur de grandes distances contribue aussi à aggraver le problème des réchauffements climatiques et du smog.

La production des engrais de synthèse et des pesticides est une source de pollution.

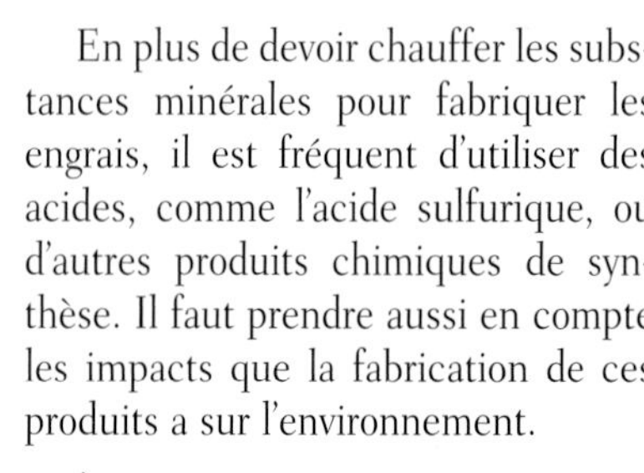

En plus de devoir chauffer les substances minérales pour fabriquer les engrais, il est fréquent d'utiliser des acides, comme l'acide sulfurique, ou d'autres produits chimiques de synthèse. Il faut prendre aussi en compte les impacts que la fabrication de ces produits a sur l'environnement.

À l'heure actuelle, on n'entend presque plus parler des pluies acides et de leurs effets néfastes sur l'environnement et sur les structures. Pourtant, la fabrication des engrais de synthèse et des pesticides couramment utilisés sur les pelouses est une source appréciable de ce type de pollution. De plus, d'après Environnement Canada, les pesticides, les engrais, les solvants et d'autres biens de consommation peuvent émettre, lors de leur utilisation, des oxydes d'azote (NO_x) et des composés organiques volatils (COV) qui contribuent, à leur tour, à la formation de smog.

La pollution des sols et de l'eau

L'utilisation des pesticides et des engrais de synthèse cause toute une série d'impacts négatifs sur les sols, les nappes phréatiques et les cours d'eau.

Comme on l'a vu précédemment, les usines de traitement des eaux ne retiennent pas les pesticides. Ceux-ci aboutissent donc dans les cours d'eau et dans les eaux qui servent à arroser les cultures. Ils perdurent ainsi dans la chaîne alimentaire.

Côté engrais, de nombreux professionnels de l'industrie horticole et plusieurs amateurs sont de grands adeptes de l'utilisation des engrais à forte teneur en azote et en phosphore. Pourquoi ? Parce que leur effet sur la croissance de la pelouse et des végétaux en général est spectaculaire. Malheureusement, ces éléments nutritifs finissent, la plupart du temps, ailleurs qu'autour des racines des plantes. On les observe alors dans les eaux de surface et souterraines où ils contribuent à la prolifération des algues et des cyanobactéries (algues bleues).

La manipulation des carburants (huile et essence) nécessaires au fonctionnement des moteurs de tondeuses et de petits appareils, comme les souffleuses à feuilles et les coupe-bordures, peut occasionner la contamination des sols et de l'eau. Il est impératif d'éviter de renverser des hydrocarbures lors du remplissage du réservoir à essence.

Les pesticides et les engrais de synthèse utilisés sur les pelouses aboutissent en partie dans les canalisations municipales et dans les cours d'eau.

La surutilisation de l'eau est aujourd'hui un véritable problème.

La surutilisation de l'eau

Pour des raisons historiques (voir à ce sujet le chapitre: *La pelouse, on aime un peu, beaucoup, à la folie!*), au Québec, on cultive des graminées de climat froid et pluvieux. Pourtant, le Québec subit un climat continental, qui connaît des hivers froids et des étés chauds. Dans de telles conditions, pour maintenir une belle pelouse verte lors des périodes très chaudes de l'été, on doit avoir recours à d'importantes quantités d'eau.

Au Canada, en moyenne, une pelouse de banlieue de 100 m^2, arrosée régulièrement, avale entre 30 000 et 45 500 litres (6 000 à 9 000 gal/1 000 pi^2) d'eau chaque été. Quand on sait qu'en moyenne, plus de la moitié des Canadiens arrosent leur pelouse, on réalise l'impact de cette pratique sur les réserves en eau.

De plus, quand on réalise que la majorité des jardiniers hésitent rarement à arroser pour maintenir leurs pelouses vertes durant les canicules, on peut s'inquiéter pour la disponibilité de l'eau.

Tous ces éléments font que l'été, l'arrosage du gazon et du jardin fait augmenter la consommation d'eau de plus de 50 %. En d'autres termes, entre 50 et 75 % de l'eau domestique (traitée par les municipalités) est utilisée en été pour l'aménagement paysager. Dans les faits, l'arrosage constitue la plus grande dépense en eau potable à l'extérieur de la maison.

La pelouse est souvent considérée comme un excellent tampon pour absorber les eaux de ruissellement (pluie et arrosage). Toutefois, sa capacité d'absorption se limite à 10 % de celle d'un boisé naturel. C'est, entre autres, pour cette raison que plusieurs villes sont aux prises avec des débordements des égouts pluviaux lors des orages.

Il existe de nombreuses alternatives à un arrosage sans limites des pelouses. Ce livre en propose plusieurs.

TROIS ANS EN UNE HEURE

Un boyau d'arrosage débite environ 1 000 litres (220 gal) d'eau à l'heure, c'est-à-dire la quantité d'eau qu'une personne boit en trois ans.

DES MILLIARDS DE LITRES

Un Canadien utilise, en moyenne, 326 litres (72 gal) d'eau par jour. Cela fait qu'en 1999, au Canada, le secteur résidentiel a consommé plus de 7,9 milliards de litres (11,75 millions de gallons) d'eau par jour. C'est assez pour remplir un train de wagon-citerne qui ferait dix fois le tour de la terre.

Les rognures de gazon et les changements climatiques

Toutes les plantes, y compris les graminées à gazon, absorbent du gaz carbonique (CO_2), rejettent de l'oxygène (O_2) et par conséquent fixent le carbone (C). Donc, techniquement, une pelouse peut être considérée comme un puits de carbone. Toutefois, pour que cela soit vrai il faut que la pelouse soit en santé, qu'elle soit fertilisée adéquatement et que les résidus de tonte soient laissés au sol (herbicyclage). Par contre, si les rognures de gazon sont ensachées et envoyées dans un dépotoir, l'effet « puits de carbone » est annulé. En effet, dans ce cas, la quantité de CO_2 absorbée par la pelouse est neutralisée par la production de méthane (CH_4), un gaz à effet de serre 23 fois plus « efficace » que le CO_2, dégagé lors du processus de décomposition anaérobique.

Les déchets de tonte font augmenter le volume des rebuts de 50 %.

De plus, les rognures de gazon et les rebuts de jardinage contribuent à augmenter de 50 % le volume des déchets envoyés aux dépotoirs pendant la saison estivale, une situation déplorable et facilement modifiable.

Bien que les pelouses bien gérées puissent agir comme puits de carbone, il est à noter que les zones boisées semi-naturelles ou naturelles où se côtoient arbres et arbustes emmagasinent plus de carbone que les pelouses et les habitats résidentiels.

Les effets de la monoculture

Selon les principes de base de la science de l'écologie, il est reconnu que, plus un environnement contient une grande diversité de végétaux, plus il présente de sites variés pour protéger et nourrir la faune sauvage ! Or, une pelouse fournit un environnement peu propice à l'établissement de plantes et d'animaux indigènes. Augmenter continuellement les surfaces de pelouses faites d'une seule famille de plantes (en l'occurrence les graminées) entraîne donc un appauvrissement de la diversité biologique.

Les monocultures sont contre nature.

Ce manque de diversité fournit de nombreuses opportunités aux espèces exotiques et aux ravageurs de s'établir sans qu'ils aient à faire face à une grande compétition. En fait, plus la végétation est diversifiée, moins il est nécessaire de recourir aux pesticides pour contrôler les intrus. La nature se charge de maintenir un équilibre entre les bons éléments et les moins bons.

Il faut ajouter à cela que la plupart des pelouses établies en milieu urbain sont composées de graminées qui ne sont pas indigènes ; on comprend facilement les problèmes que cette situation présente.

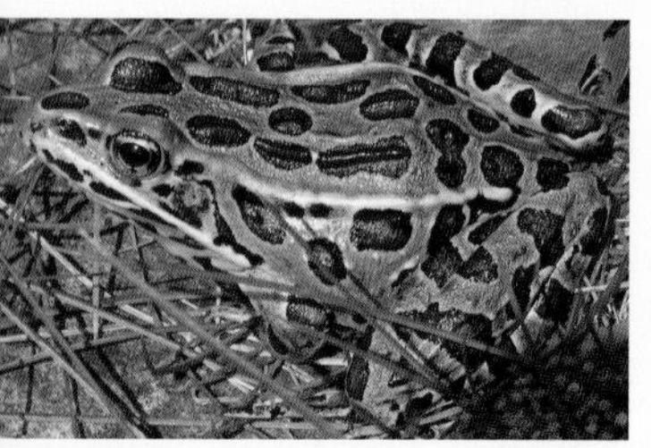

Un peu d'observations

Quelques minutes d'observations permettent de constater que les propriétés où se trouvent différentes essences d'arbres, d'arbustes et de plantes à fleurs (qui produisent des graines) accueillent généralement une grande diversité d'oiseaux, d'insectes bénéfiques (pollinisateurs, etc.) et de papillons.

Par contre, là où la pelouse couvre la presque totalité de la propriété, il n'est pas rare de n'apercevoir que des moineaux, des corneilles et des mouettes ou des pigeons, selon les régions. Les insectes bénéfiques et les papillons y sont rares.

Les vrais problèmes

Si, au départ, la pelouse présente de nombreux avantages, tant sur les plans environnemental et social qu'humain, on s'aperçoit rapidement que c'est la manière dont elle est cultivée qui peut transformer ses avantages en inconvénients. On arrive donc à la conclusion que c'est le type de gestion de pelouse que l'on fait qui présente un problème.

Heureusement, pour s'y retrouver il est possible d'établir quatre grands types de gestion de la pelouse.

Pourquoi pas du gazon artificiel ?

Certaines compagnies de produits et services destinés à l'entretien des pelouses dépensent de gros budgets pour s'assurer que les jardiniers n'iront pas réduire la superficie de leur gazon ou encore moins le remplacer par des végétaux mieux adaptés. Leur nouvelle bête noire, le gazon synthétique. Il suffit de visiter quelques sites Internet pour découvrir les mérites du gazon synthétique. Ils vous présenteront les avantages suivants :

- aucun entretien, donc économie de temps ;
- économie d'argent, le gazon synthétique peut durer 25 ans ;
- économie d'eau, aucun arrosage n'est requis ;
- meilleur pour l'environnement, car il n'y a pas de tonte (donc pas d'émission de CO_2) et pas de gestion des rognures de gazon (donc pas d'émissions de méthane) ;
- pas besoin d'engrais ni de pesticides ;
- il est vert toute l'année, même l'hiver.

Convaincant non ? Ce doit être le cas, car les pelouses synthétiques sont de plus en plus populaires aux États-Unis dans les régions aux prises avec une pénurie d'eau. Au Québec, elles ne sont pas seulement réservées aux surfaces de jeux dans les parcs, mais certains commerçants et quelques propriétaires de maisons tombent sous le charme de ces arguments.

Bien que ce produit soit relativement récent, déjà plusieurs inconvénients ont été identifiés. En voici quelques-uns :

- le gazon synthétique ne convient pas aux gens qui aiment jardiner et entretenir leur gazon ;

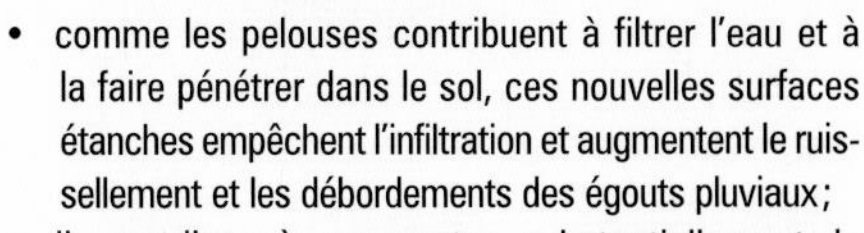

- comme les pelouses contribuent à filtrer l'eau et à la faire pénétrer dans le sol, ces nouvelles surfaces étanches empêchent l'infiltration et augmentent le ruissellement et les débordements des égouts pluviaux ;
- il contribue à augmenter substantiellement la température du sol et de l'environnement immédiat, participant ainsi à l'effet d'îlots de chaleur ;
- il ne produit pas d'oxygène et ne capte pas de CO_2. Ce n'est donc pas un puits de carbone ;
- il contient des granules de caoutchouc (issus du broyage de pneus recyclés) qui sont utilisés pour maintenir à la verticale les brindilles de gazon synthétique. L'utilisation de cette matière peut engendrer des problèmes environnementaux et de santé non négligeables :
- il affiche des taux de HAP 7 à 8 fois supérieurs aux normes gouvernementales ;
- lors d'averses, les granules ont tendances à flotter et à se retrouver dans les rues et les eaux pluviales ;
- il est fabriqué à partir de matériaux contenant du plomb, de l'arsenic et du zinc ;
- il peut provoquer des blessures et des éraflures quand on s'y frotte ;
- une fois usées, les substances plastiques qui le composent prendront des centaines d'années à se dégrader dans les dépotoirs.

En fait, si toutes les surfaces gazonnées étaient couvertes de gazon synthétique, on verrait une dégradation de la qualité de l'air, une augmentation des polluants et des poussières et une carence en oxygène, ce qui entraînerait une foule d'impacts négatifs sur la santé et sur l'environnement.

Malgré ses lacunes et les impacts négatifs mentionnés, la pelouse synthétique a néanmoins son utilité dans certains cas spécifiques. Il n'y a pas lieu d'avoir de débat sur l'utilisation de pelouse synthétique en milieu résidentiel, car seules la pelouse vivante ou des couvertures végétales appropriées devraient être utilisées dans les endroits pouvant soutenir la culture de végétaux.

Il est plus approprié de classer les gazons par type de gestion que par type de plantes.

Les grands types de gestion des pelouses

QUAND ON CHERCHE LA DÉFINITION des mots « pelouse » ou « gazon » dans les dictionnaires, ceux-ci renvoient toujours à la notion d'un terrain couvert d'herbes. Quand on parle à certains spécialistes, ceux-ci font la différence entre pelouse et gazon. Pour eux, un gazon est un mélange de graminées savamment entretenu, alors que la pelouse peut être plus « négligée ». Pour certains autres experts, il existe plusieurs sortes de gazons et de pelouses, mais elles se différencient par le type de graminées qui les compose.

Si, pendant longtemps, je me suis satisfaite de ces définitions, depuis quelques années je trouve que celles-ci ne reflètent pas la réalité. Pour moi, il n'y a pas la pelouse ou le gazon, mais bien des pelouses et des gazons.

Bien sûr ces grands espaces verts peuvent être crédités pour la production d'oxygène, l'amélioration des conditions de vie (réduction de la chaleur, du bruit et de poussières), et la protection des sols contre le ruissellement et l'érosion. Toutefois, il me semble que ces simples faits ne reflètent pas une réalité où des considérations plus environnementales du gazon seraient prises en compte.

Après y avoir réfléchi longuement, et travaillé sur plusieurs classifications, j'en suis arrivée à la conclusion que ce n'est pas le type d'herbe (même si cela a une certaine influence) qui définit pelouse et gazon. C'est bien la manière dont on le cultive. C'est principalement cette donnée qui influence les qualités environnementales des différents types de gazons.

C'est pourquoi je vous propose ici une classification tout à fait personnelle. Au départ composée de quatre catégories, j'en ai ajouté une cinquième, car, malgré ce que certains affirment, le gazon ne convient pas à tous les endroits. C'est pourquoi j'inclus dans cette classification les alternatives à la pelouse.

Le gazon grand prestige

Ce type de gazon est composé de graminées savamment sélectionnées, implantées sur un sol qui lui convient et entretenu suivant les plus hauts standards de qualité. Cette manière de procéder permet d'obtenir un gazon court, fin et dense.

Les verts et les allées de golf sont un bon exemple de gazon grand prestige.

À travers le temps, on lui a donné plusieurs noms, comme gazon parfait ou gazon idéal. On peut dire sans se tromper que le gazon grand prestige est le gazon mythique, celui dont plusieurs jardiniers rêvent. C'est un peu le Saint-Graal en matière de gazon.

Un peu plus que du gazon

Utilisé dans les golfs pour confectionner les verts, les tertres de départ et les allées, on trouve le gazon grand prestige aux endroits où l'on souhaite « impressionner ». À travers le temps, principalement en Amérique du Nord, ce type de gazon est devenu une forme de réussite sociale, de prestige, voire de puissance.

Il faut des experts en agronomie et en horticulture, comme les surintendants de golf, pour entretenir des surfaces aussi importantes de gazon.

C'est pourquoi un tel tapis vert impeccable est l'apanage des sièges sociaux des grandes entreprises, des grands hôtels de luxe, des parlements… et des propriétés des gens riches et célèbres. Il est aussi parfois utilisé pour les terrains sportifs des grands stades.

Pour les golfeurs, ce type de gazon est nécessaire (principalement pour améliorer leurs scores), voire indispensable. On peut, peut-être (mais est-ce un bon exemple ?), considérer qu'il est irremplaçable quand il s'agit de fierté nationale. Cependant, il faut se demander si un gazon qui contribue à l'image de marque et au statut social a encore sa raison d'être quand on en connaît les impacts négatifs sur l'environnement et la santé.

L'autre côté de la médaille

Quand les magazines et les publicités présentent des propriétés prestigieuses entourées d'un gazon vert parfaitement taillé, sans un brin qui dépasse, ils indiquent rarement tout ce qui est nécessaire pour arriver à un tel niveau de qualité.

En premier lieu (et non le moindre), de tels résultats ne peuvent être obtenus qu'avec l'aide d'un spécialiste. Par exemple, un surintendant de golf a fait des études approfondies en agronomie et en horticulture. Il surveille le gazon du matin au soir… et parfois même la nuit. Chaque petit symptôme est analysé, scruté à la loupe.

Pour réussir un gazon grand prestige, au départ, il faut mettre en œuvre des moyens techniques importants (déplacement de terre, semis, etc.) pour s'assurer que sol et graminées font un mariage idéal qui favorise la croissance et supporte le stress (des golfeurs notamment).

Par la suite, pour maintenir le gazon grand prestige à un haut niveau de qualité, il faut des arrosages quotidiens, des tontes fréquentes et très courtes, des fertilisations bimensuelles, une aération et un terreautage bisannuel. Cependant, la plupart du temps, cela ne suffit pas. Il est alors indispensable d'utiliser des pesticides (fongicide, insecticide et herbicide) pour maintenir les standards de qualité que l'on s'est fixés. On comprend que cela coûte cher, très cher même.

En résumé, cela veut dire qu'il y a beaucoup d'inconvénients à cultiver du gazon de grand prestige. Ceux-ci sont :

- des connaissances importantes, voire même la supervision d'un spécialiste de haut niveau (agronome, horticulteur, pédologue, etc.) ;
- une utilisation importante des ressources en eau ;
- l'émission de polluants atmosphériques et aquatiques par le biais des pesticides et des engrais ;
- des émissions importantes de gaz à effet de serre lors de la fabrication des pesticides et des engrais, de la tonte et des différentes opérations de terreautage ou d'aération.

Opter pour le gazon grand prestige nécessite donc de mettre en place des moyens techniques et financiers importants.

Il n'est pas rare de retrouver des herbicides et des engrais dans les eaux souterraines à proximité des golfs.

Les algues bleues sont une des conséquences de l'utilisation des engrais.

Les impacts environnementaux des gazons grand prestige

Pour mieux comprendre les impacts environnementaux que la culture de tels gazons a sur l'environnement, on peut étudier quelques données sur les golfs.

Les pesticides

Selon les statistiques les plus récentes, les terrains de golf du Québec ont utilisé plus de 40 000 kg (88 200 lb) d'ingrédients actifs entrant dans la composition de pesticides. Ce sont les fongicides qui ont été les plus épandus, suivis des herbicides, puis des insecticides et enfin des rodenticides.

Pas étonnant donc qu'une étude révèle que des 20 puits domestiques échantillonnés à proximité de sept terrains de golf de la MRC de Memphrémagog, on a identifié la présence de quatre herbicides dans huit puits domestiques et de quatre insecticides dans quatre autres puits.

L'eau

Selon certaines études, les quantités d'eau nécessaires pour l'irrigation d'un golf atteignent plus de 200 000 litres (44 000 gal) par jour et équivalent à la consommation journalière en eau de plus de 150 résidences (326 litres [72 gal]/jour/habitant). En une saison, un terrain de golf de taille moyenne utilise 4 400 mètres cubes (968 000 gal) d'eau pour garder son gazon vert. C'est donc plus de 1,5 million de mètres cubes (330 millions de gallons) d'eau qui serviraient à l'arrosage des 350 terrains de golf du Québec.

La pelouse industrielle

Comme on l'a vu précédemment, le gazon grand prestige nécessite la mise en œuvre de moyens techniques et financiers importants. Il est donc difficile, voire impossible, de créer de telles pelouses sur les terrains résidentiels.

Dans les années soixante, particulièrement en Amérique du Nord, avec le développement des banlieues, plusieurs industriels, notamment des manufacturiers d'engrais, mais aussi de pesticides, ont eu l'idée de proposer à des milliers de propriétaires des solutions «faciles» leur permettant d'obtenir des pelouses presque aussi parfaites que les gazons grand prestige.

Le plus souvent, la pelouse résidentielle industrielle ressemble en tout point aux gazons grand prestige.

En reprenant les caractéristiques de ce type de gazon, ils ont cherché à promouvoir l'idée de la pelouse idéale. À grands coups de marketing, ils ont réussi à imposer ce que je qualifie de pelouse industrielle ou encore de gazon pseudomythique.

De nombreux adeptes

La pelouse industrielle c'est celle que l'on observe sur une grande quantité de propriétés à l'heure actuelle. C'est celle que l'on aperçoit un peu partout dans les zones urbaines et les banlieues cossues. On la voit aussi sur les devantures des commerces et des industries, sur les propriétés des grandes institutions et des entreprises de tous genres. C'est aussi la pelouse des terrains sportifs. Finalement, c'est la pelouse que certains voisins aimeraient voir sur toutes les propriétés du voisinage.

Un même but, deux approches

Dans les faits, la pelouse industrielle n'est qu'une industrialisation du gazon grand prestige. On reprend les mêmes principes et on les adapte de façon à ce que tout le monde puisse les mettre en place. Cette industrialisation repose sur quatre principes :

1) la pelouse industrielle est composée exclusivement de graminées. Comme il est plus facile de fabriquer du gazon en plaque avec des graminées qui forment des rhizomes, on se tourne vers une seule espèce, le pâturin du Kentucky qui a la capacité de fournir « l'image » que l'on souhaite vendre. La mise en marché d'une seule espèce permet aussi d'industrialiser la production de gazon en plaque et de semences ;

2) la pelouse industrielle est verte tout l'été, quelles que soient les conditions climatiques. Pour cela il faut de l'engrais, notamment pour compenser le fait que les propriétaires n'ont pas assez de connaissances en agronomie et qu'ils ne peuvent donc pas intervenir de manière efficace sur la qualité du sol. C'est tant mieux pour les manufacturiers d'engrais qui peuvent ainsi développer des formules (N-P-K) adaptées aux pelouses résidentielles. Cela amène au fameux programme des quatre fertilisations à teneur élevée en azote (le N du N-P-K). De plus, cette recherche de la pelouse verte à tout prix a une incidence importante sur les ressources en eau ;

Certains jardiniers mettent même de la pression sur leurs voisins pour qu'ils adoptent leur mode de gestion de la pelouse.

Une pelouse industrielle doit être verte, en accord avec les principes de gazon grand prestige.

Pour être exempte de mauvaises herbes, une pelouse industrielle doit être régulièrement traitée avec des pesticides.

3) la pelouse industrielle est exempte d'adventices ou de mauvaises herbes et autres ravageurs. Pour cela on a besoin d'une grande variété de traitements de pesticides préventifs et curatifs contre les insectes (insecticides), les maladies (fongicides) et les mauvaises herbes (herbicides). Les compagnies pharmaceutiques, ou les compagnies de la science de la vie comme elles aiment être appelées maintenant (ce sont elles qui développent et vendent les pesticides et les produits pharmaceutiques), y trouvent leur compte. Leur production industrielle peut être mise en marche ;

4) la pelouse industrielle est tondue régulièrement et maintenue courte. Cela entraîne des pratiques comme la tonte courte et l'ensachage du gazon coupé. Une aubaine pour les vendeurs d'engrais.

Au bout de tout cela, si le consommateur ne s'y retrouve pas, l'industrie lui offre un service pour remplacer le spécialiste de haut niveau nécessaire à la culture du gazon grand prestige. Ce sont les entreprises d'entretien de pelouse. Malheureusement, celles-ci n'ont pas toujours les compétences qu'elles disent posséder. On peut alors se demander si le consommateur en a pour son argent.

La pelouse industrielle : une pelouse sous perfusion ?

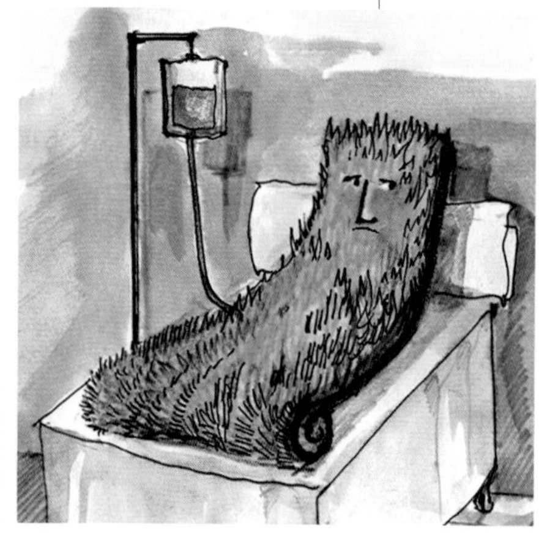

De l'eau, beaucoup d'eau

La pelouse industrielle est aussi responsable de l'utilisation abusive d'une ressource précieuse, l'eau potable. Elle nécessite en effet environ 45 000 litres par an pour une pelouse de 100 m^2 (9 000 gal/1 000 pi^2). Il s'agit là d'une eau pour laquelle on a investi beaucoup d'énergie pour la canaliser, la traiter et la redistribuer. Une eau qui coûte très cher et qui fait, depuis peu, l'objet de restrictions importantes.

La chasse aux pissenlits et la quête d'un gazon toujours vert sont des marchés très lucratifs.

POUR QUELQUES CENTAINES DE DOLLARS

Si on a recours aux services d'une compagnie d'entretien de pelouse, on doit s'attendre à dépenser entre 200 et 300$ par an pour un terrain de 350 m² (3 800 pi²). Cela exclut les coûts reliés à l'achat, l'entretien et l'utilisation d'une tondeuse et d'un système d'irrigation manuel ou automatisé.

Quelques avantages, mais beaucoup d'inconvénients

Quelle belle idée qu'une pelouse poussant sur presque n'importe quel type de sol, facile à cultiver, à la portée de tous et permettant de symboliser la réussite sociale et le prestige ! Quel beau concept que celui de la pelouse industrielle, qui permet de rendre accessible au plus grand nombre une belle pelouse verte, quasi parfaite. Toutefois, cette belle idée et ce beau concept présentent de nombreuses failles.

Comme la culture de la pelouse industrielle est inspirée de celle du gazon grand prestige, elle en a presque les mêmes inconvénients. Il y a une utilisation importante des ressources en eau, de la pollution par le biais des pesticides et des engrais, des émissions importantes de gaz à effet de serre lors de la tonte principalement, mais aussi de la fabrication des pesticides et des engrais. Dans le cas où on doit se faire aider, il faut débourser des sommes importantes pour retenir les services d'une entreprise d'entretien de pelouse.

La pelouse industrielle évolue

Critiquée, l'industrie de la pelouse industrielle est actuellement forcée de changer. Sous la pression de l'opinion publique et des réglementations, elle offre dorénavant à ses clients de nouveaux programmes où les pesticides de synthèse, toxiques, sont troqués pour des pesticides moins nocifs. Toutefois, peut-on qualifier ces programmes de plus verts ou de plus écologiques ? Dans les faits, pas vraiment.

Ce type de gestion de la pelouse, que je nomme la pelouse industrielle pseudoécolo, exige des investissements en argent, en temps et en énergie. Elle doit être arrosée, fertilisée, traitée avec des pesticides à faible impact et tondue fréquemment avec les impacts environnementaux et sur la santé qui en découlent. Bref, une petite amélioration, mais pas un grand pas en avant.

En fait, pour moi, la pelouse industrielle, même quand elle est pseudoécolo, c'est la pelouse du passé… ou devrais-je dire la pelouse dépassée !

La pelouse sans pesticide

Dans les années soixante, bien peu de gens (il y en avait quand même) remettaient en cause l'utilisation des pesticides. Si ces produits permettaient d'obtenir des rendements accrus dans les cultures, alors pourquoi ne pas les utiliser aussi dans les jardins ? Toutefois, au fur et à mesure que les pesticides gagnaient du terrain, de plus en plus de gens se sont mis à remettre en cause leur innocuité. C'est pourquoi dans les années quatre-vingt un nombre grandissant de voix se sont élevées pour limiter, voire interdire, l'utilisation des pesticides, notamment à des fins esthétiques.

La pelouse sans pesticide fait de plus en plus d'adeptes.

Au Québec, ce débat a mené, en 2003, à l'adoption du *Code de gestion des pesticides du Québec*. Aujourd'hui, grâce à des réglementations municipales plus sévères, un grand nombre des pesticides utilisés sur le gazon (excepté les pesticides à faible impact et les recettes maison) est interdite pour l'usage des particuliers.

En même temps que ce débat a eu lieu, plusieurs se sont interrogés sur le bien-fondé d'utiliser le gazon pour affirmer sa réussite sociale et son prestige, au détriment de l'environnement. Si la réponse n'est pas toujours claire, on peut noter que pour de plus en plus de propriétaires, les considérations environnementales et de santé ont pris le dessus.

Un autre facteur a milité en faveur d'un changement de direction dans la culture des pelouses. C'est la disponibilité de l'eau. À cause de la pollution, mais aussi des changements climatiques, un nombre grandissant de municipalités doivent restreindre les quantités d'eau pour l'arrosage des gazons. Le gazon grand prestige et les pelouses industrielles étant basées sur une utilisation illimitée de l'eau, les restrictions entraînent la recherche de solutions différentes.

C'est pourquoi il se développe aujourd'hui une nouvelle « philosophie » de la pelouse. Celle-ci devient maintenant un tapis vert qui sert de fond à l'aménagement paysager et sur lequel on peut jouer… sans prendre de risques pour sa santé ou celle des enfants.

Les pelouses sans pesticide sont aujourd'hui surtout présentes sur les propriétés des ménages conscients des dangers des pesticides. Leur nombre est indéniablement plus élevé dans les villes qui ont adopté un règlement régissant l'utilisation des pesticides. Ces pelouses se trouvent autant sur des sites résidentiels que commerciaux ou municipaux, comme la plupart des parcs et des terrains de jeu.

Plusieurs approches plutôt qu'une seule

Cultiver une pelouse sans pesticide, c'est avant tout faire preuve de jugement afin d'obtenir les résultats que l'on s'est fixés en produisant le moins de pollution possible.

CHANGEMENTS D'HABITUDES
Selon les données de Statistique Canada, plus de la moitié des ménages québécois qui faisaient autrefois usage de pesticides sur leur pelouse ont cessé cette pratique.

Il faut établir ses objectifs correctement. Chercher à obtenir les mêmes résultats qu'un gazon grand prestige ou une pelouse industrielle sans utiliser de pesticides et en n'adaptant pas les méthodes de culture est irréaliste. On doit donc bien cibler ses objectifs et rechercher les méthodes qui permettent de les atteindre.

Du côté de la culture, plusieurs critères doivent être respectés. D'abord, il faut faire coïncider adéquatement les graminées que l'on choisit et le type de sol où elles seront cultivées. Cela peut demander l'utilisation d'amendements organiques et minéraux. C'est en faisant bien correspondre le type (et la qualité) de sol avec les espèces de graminées que l'on peut supprimer les pesticides et réduire de manière significative l'utilisation de l'eau et des engrais.

Par la suite, lors de la culture, on doit faire les pratiques culturales appropriées et substituer les produits polluants par des produits moins dommageables pour l'environnement.

Les pratiques culturales

Toujours selon ses objectifs, avec la pelouse sans pesticide, on peut être appelé à pratiquer l'aération, le chaulage ou le terreautage. On doit allonger la hauteur du gazon et pratiquer l'herbicyclage. Les sursemis annuels doivent être envisagés. Le désherbage manuel peut aussi être pratiqué.

De plus en plus de villes adoptent des règlements interdisant l'utilisation de pesticides sur leur territoire.

Les produits de substitution

Les engrais de synthèse sont remplacés par des engrais naturels ou du compost. Les traitements contre les insectes, les maladies ou les mauvaises herbes ne sont appliqués qu'en dernier recours et on n'utilise que des pesticides à faible impact ou, encore mieux, des produits naturels ou des recettes maison.

Il existe toute une panoplie de pesticides à faible impact.

Des pas dans la bonne direction

Choisir de cultiver de la pelouse sans pesticide c'est commencer à prendre conscience des «enjeux» que représente la pelouse. Suivant le niveau jusqu'auquel on accepte d'aller, on atteint le «rêve» du tapis vert avec bonne conscience. Plus l'engagement est important, plus les répercussions environnementales positives sont grandes.

Si ce type de gestion représente des pas dans la bonne direction, il présente aussi des inconvénients. En effet, il exige de bonnes connaissances en agronomie, pédologie (sol), entomologie (insectes), etc. À tout le moins, les conseils de spécialistes sont le plus souvent requis. De plus, selon qu'on a des attentes esthétiques plus ou moins hautes, les coûts d'entretien sont relativement élevés.

La tonte fréquente du gazon et la fertilisation (si on conserve l'utilisation des engrais de synthèse) génèrent des GES et des polluants.

Il faut parfois avoir recours à des conseils d'experts.

Cependant, c'est en termes d'utilisation d'eau que ce type de gazon pose problème. En effet, même avec une pelouse sans pesticide les besoins en eau peuvent être importants. Surtout si on a des attentes élevées et que l'on vise une pelouse constituée uniquement de graminées exigeantes.

Il faut aussi savoir que si on opte pour l'embauche d'un professionnel pour effectuer ce type de gestion, il est difficile de trouver une entreprise qui offre tous ces services.

Heureusement pour ceux que l'environnement préoccupe, il existe une autre solution.

L'écopelouse, qui marie belle pelouse et écologie, est appelée à connaître un engouement rapide dans les années à venir.

L'écopelouse

Sous l'influence de mouvements tels que l'agriculture biologique, les produits naturels, le *slow food* ou le *slow life*, plusieurs personnes s'interrogent sur leur façon de vivre.Immanquablement, ces réflexions mènent à se poser des questions sur la santé et sur les principes de qualité comparativement à ceux de quantité.

Ces questionnements sont bien sûr alimentés par tous les problèmes que posent les changements climatiques aux sociétés modernes. Au Québec, les épisodes de «contamination» des lacs par les algues bleues ont exacerbé les recherches de solutions sans engrais pour les pelouses.

C'est pourquoi plusieurs professionnels se sont penchés sur de nouvelles solutions encore plus vertes. Ils en sont venus à la conclusion qu'il faut mettre en place des écopelouses.

La vraie pelouse écologique

L'écopelouse ne dépend pas de l'homme (ou presque pas) pour pousser. Sa source d'énergie première est le soleil, sa source d'eau la pluie. Elle est adaptée aux conditions climatiques et aux conditions de sol qui prévalent. Elle est donc peu exigeante et peut s'intégrer partout où les conditions environnementales propices à son établissement sont réunies. Elle ne croît pas excessivement, n'a donc pas besoin d'être tondue toutes les semaines comme les pelouses gavées d'azote. Sa fertilisation provient du compost épandu lors du semis, du gazon coupé laissé au sol, du trèfle présent, de la décomposition des feuilles broyées à l'automne et de l'apport sporadique d'engrais naturel ou de biostimulants. L'écopelouse est donc synonyme de pelouse à faible entretien ou de Freedom lawn qui pourrait être traduit par «pelouse de la liberté».

Bien entendu, l'écopelouse peut prendre différentes formes. Celles-ci vont de la pelouse mixte composée

Freedom lawn

«Espace résidentiel aménagé avec une biodiversité de végétaux comme des graminées, des trèfles, des fleurs sauvages et des plantes à larges feuilles reconnus comme des mauvaises herbes aux yeux des gens obsédés par la pelouse industrielle.»

***Redesigning the American lawn*, Yale University**

Il existe différentes écopelouses.

La Freedom lawn *en est une.*

majoritairement de graminées variées auxquellles s'ajoutent des légumineuses, comme le trèfle ou le lotier, jusqu'à la pelouse où les graminées sont dominées par les plantes sauvages à croissance basse qui se sont spontanément adaptées au site.

Un processus naturel

Dans un premier temps, il faut bien entendu établir ses besoins et ses priorités. Comme on l'a compris, l'écopelouse ne rejoint pas les standards proposés par l'industrie et encore adoptés par un bon nombre de citoyens. Toutefois, elle permet de vivre pleinement ses convictions environnementales.

Ensuite il faut rechercher les plantes qui sont le mieux adaptées au terrain. Il est toujours possible de pratiquer des amendements, mais on évite le plus possible de déplacer de la terre ou du compost sur de grandes distances. On laisse aussi les plantes spontanées prendre la place.

Par la suite, comme on imite la nature, il n'y a que peu d'interventions à pratiquer.

Penser différemment... et en sortir gagnant

Selon la Société canadienne d'hypothèque et de logement (SCHL) : « *la pelouse à faible entretien a un aspect moins uniforme que la pelouse traditionnelle. Pour certaines personnes, ce genre de pelouse peut nécessiter une nouvelle façon de voir les choses. En fait, une apparence moins soignée vaut bien les économies de temps et d'argent réalisées de même que les avantages environnementaux.* »

L'étude que cet organisme a faite, tend à le prouver. En effet, les résidents possédant une pelouse à faible entretien ont consacré 50 % moins de temps, dépensé 85 % moins d'argent, consommé 50 % moins d'énergie (électricité, carburant, etc.), épandu 85 % moins d'engrais, utilisé 100 % moins d'eau et appliqué 100 % moins de pesticides par année que ceux qui avaient installé une pelouse traditionnelle. L'étude a permis d'estimer que les frais de plantation sont comparables, quoique, selon les espèces choisies, les mélanges spécialisés de semences à faible entretien puissent coûter un peu plus cher que les semences traditionnelles.

Où les utiliser ?

Les écopelouses peuvent être implantées partout où les conditions environnementales propices à leur établissement sont réunies. Comme on utilise une plus grande variété de plants (pas seulement des graminées à gazon), il existe donc un très grand nombre d'endroits où on peut les implanter. Bien sûr, si on recherche le prestige d'un gazon fin, court, dense et parfait, mieux vaux chercher une autre option.

Les écopelouses sont particulièrement bien adaptées aux terrains résidentiels, aux villégiatures situées au bord des lacs ou des cours d'eau. Comme il n'y a pas d'utilisation d'engrais ou très peu (par rapport à une pelouse industrielle), pas d'eau d'arrosage et pas de pesticides, les impacts sur l'eau sont minimisés.

Les très grands terrains et ceux de villégiature sont aussi des excellents endroits pour implanter de telles pelouses.

L'écopelouse permet de sauvegarder la qualité de l'eau des lacs et des cours d'eau.

Bien des avantages, pas beaucoup d'inconvénients

Une écopelouse contribue à libérer les propriétaires des contraintes liées à la pelouse parfaite. De plus, elle permet de créer une pelouse en ayant le moins d'impacts environnementaux possible. En effet, l'écopelouse est :

- un véritable puits de carbone (réservoir qui absorbe plus de carbone qu'il n'en émet), car sa gestion entraîne une réduction importante des gaz à effet de serre (moins de tontes, herbicyclage, pas d'engrais de synthèse ou peu d'engrais naturels, pas de pesticides de synthèse ou peu de pesticides naturels) ;
- non polluante pour l'air, l'eau et le sol ;
- sans risque pour la santé de ses utilisateurs et du voisinage ;
- sécuritaire pour les animaux ;
- une contribution à la diversité végétale et animale ;
- une intégration des végétaux indigènes ;
- une participation au maintien d'une vie intense dans le sol ;
- un bon moyen de faire des économies, car elle ne coûte pratiquement rien à entretenir ;
- une bonne manière de gagner du temps et de l'argent pour faire autre chose (ce qui plaira particulièrement aux membres des générations X et Y).

L'écopelouse est tout à fait sécuritaire.

En bref, l'écopelouse est écologique dans tous les sens du terme.

Devant tant d'avantages, le poids des inconvénients ne doit pas être bien grand. En effet, il n'y en a qu'un seul, mais il est de taille. Pour cultiver une écopelouse, il faut changer ses habitudes et ses attentes. Il faut aussi faire preuve d'ouverture d'esprit et remettre en question les « images », les « concepts » et les « mythes » qui ont été véhiculés autour de la pelouse au cours des soixante dernières années. Il faut aussi faire preuve d'indépendance face à ses voisins et parfois même aux autorités. Pas facile dans une société nord-américaine qui a tendance à « industrialiser » tous les aspects de la vie.

Les alternatives à la pelouse

Contrairement à ce qui a souvent été véhiculé, la pelouse ne pousse pas bien partout. Il n'y a qu'à observer une forêt pour le comprendre. Pourtant, même si c'est évident, plusieurs propriétaires s'acharnent à essayer de maintenir cette culture en place et la soutenir malgré des conditions moins que parfaites.

Il faut remplacer le gazon dans les endroits difficiles.

Parfois on a de la difficulté parce que le sol est de mauvaise qualité ou que la zone est un talus orienté en plein soleil où l'eau tend à se drainer ou à ruisseler rapidement. D'autres fois, on tente de faire pousser du gazon sous les arbres où il n'y a pas suffisamment d'heures d'ensoleillement. Pour toutes ces situations, et biens d'autres, il existe des plantes mieux adaptées qui seront beaucoup moins exigeantes en temps, en eau, en engrais, etc.

S'il y a des raisons techniques, il peut aussi y avoir des raisons plus personnelles. Aujourd'hui, certains propriétaires, pour des considérations écologiques, économiques ou sociales, choisissent de retirer la pelouse et la remplacer par des végétaux qui ne requièrent pas autant d'énergie et d'efforts.

Pour ceux qui désirent remplacer le gazon (ou une partie du gazon) par un autre aménagement, plusieurs solutions s'offrent à eux telles que : les couvre-sol, le xéropaysage, les jardins pluviaux ou la plantation de plantes indigènes, de graminées décoratives, d'arbustes, etc. Dans tous les cas, il faut respecter les besoins des plantes.

Des plantes bien adaptées, ou la bonne plante au bon endroit

Il existe de nombreux avantages à choisir des plantes bien adaptées au climat et aux conditions qui prévalent dans un lieu donné. Notamment, un entretien plus facile, moins d'arrosage et d'engrais, une meilleure résistance aux ravageurs (donc moins de pesticides), plus d'abri et nourriture pour la faune, une augmentation de la biodiversité (avec tous les bienfaits que cela amène) et des économies de temps et d'argent.

Choisir son type de pelouse en fonction de ses attentes : des pistes

Une fois que l'on a pris conscience qu'il existe plusieurs types de gestion de la pelouse, on se demande laquelle choisir. En fait, la réponse est à deux volets :

- celle qui répond le mieux à ses attentes ;
- celle qui est la mieux adaptée à son terrain.

Avant de choisir un type de gestion, il faut évaluer ses besoins et l'utilisation que l'on souhaite faire de la pelouse.

Éviter le mur à mur

Avant de se poser la question : « *Quel est le type de gestion de gazon que je souhaite adopter ?* », il faut plutôt définir un espace. La question devient alors : « *Quel est le type de gestion de gazon que je souhaite adopter pour la façade du terrain ?* » « *Quel est le type de gestion de gazon que je souhaite adopter pour le côté du terrain ?* », etc. Dans une vision environnementale, il faut rechercher les solutions optimales, contrairement à la réponse unique proposée par un procédé industrialisé.

Poser les bonnes questions

Avant d'implanter ou de changer un type de gestion de pelouse, on doit se poser plusieurs autres questions plus précises. Voici les principales :

En termes techniques

- Quelles sont les caractéristiques de la zone à aménager (qualité du sol, ensoleillement, pente, etc.) ?
- Quel est le budget ?
- Quelle est la réglementation municipale ?
- La maison est-elle située près d'un lac ou d'un cours d'eau ?

En termes d'utilisation

- Quelle sera l'utilisation de la pelouse ?
- Combien de temps a-t-on à consacrer à l'entretien ?

En termes d'environnement

- Est-ce important de faire comme tous les autres voisins ?
- Quelles sont les attentes en ce qui a trait à la santé de la famille ?

L'écopelouse, un vrai choix écologique.

- Quelles sont les attentes en ce qui a trait à la santé des animaux?
- Quelle est la sensibilité aux dossiers environnementaux (eau, air, etc.)?
- Quelle est la sensibilité aux dossiers des changements climatiques?
- Questions sur les préoccupations de santé des enfants?

La vraie pelouse écologique est diversifiée et presque autosuffisante.

À l'aide du tableau *Comparaison des différents types de gestion de pelouse,* on peut établir le type de gestion de pelouse qu'on désire adopter.

Le choix de l'écopelouse

Si les autres types de gestion de pelouse sont déjà connus, celui de l'écopelouse l'est un peu moins. C'est pourquoi je me permets de vous en résumer les avantages.

L'écopelouse est plus sécuritaire pour la famille, les animaux et pour l'environnement. Son entretien nécessite moins d'utilisation de dérivés de pétrole, moins d'essence, moins d'engrais. Elle est moins exigeante en eau et en pesticides. Elle coûte moins cher en temps et en argent, ce qui vous donne le loisir d'en profiter.

Comparaison des différents types de gestion de pelouse

Type de gestion	Gazon grand prestige	P. industrielle	P. sans pesticide	Écopelouse
Implantation	Coût élevé	Coût ± élevé	Coût élevé	Coût bas
Énergie	Coût élevé	Coût élevé	Coût élevé	Coût bas
Temps à consacrer	Très élevé	Élevé	Moyennement élevé	Peu élevé
Demande en eau	Élevée	Élevée	± élevée	Basse
Tontes	Nombreuses	Nombreuses	Nombreuses	Peu nombreuses
Herbicyclage	Impossible	Difficile	Possible	Indispensable
Engrais	Indispensable	Indispensable	± nécessaire	À l'occasion
Compost	Peu utilisé	Pas utilisé	Indispensable	± utilisé
Pesticide de synthèse	Indispensable	Indispensable	Impossible	Inutile
Pesticide à faible impact	Peu utilisé	Possible	Indispensable	À l'occasion

Les verts de golf sont issus de la vision de perfection des gazons cultivés au XIXe siècle.

Le gazon grand prestige et les pelouses industrielles

Les gazons qui n'ont plus la cote aujourd'hui sont issus de la vision de perfection qui a eu cours jusqu'à la première moitié du XXe siècle. Le gazon grand prestige, tout comme la pelouse industrielle, nécessitent temps et argent et leurs impacts négatifs sur l'environnement sont importants.

Depuis quelques années, on a vu les entreprises chercher à donner une image plus environnementale aux pelouses. Si cela a fait disparaître certains impacts négatifs et réduit quelques autres, il n'en reste pas moins que ce type de gestion de pelouse présente encore de grands effets nuisibles sur l'environnement. On a beau parler de programme « Bio », « Écolo » ou « Naturel », il n'en reste pas moins qu'il s'agit là de pelouses industrielles pseudoécolos.

Le gazon grand prestige

Gérés par des professionnels d'expérience, les gazons de grand prestige sont soumis à une gestion serrée où chaque geste fait l'objet d'un encadrement spécifique et d'un suivi pour en mesurer son efficacité. Que ce soit la gestion du sol, le choix des pratiques culturales, la logistique antiparasitaire ou le plan de fertilisation, rien n'est laissé au hasard.

Puisque ce type de gazon est réservé à des utilisations spécifiques (golfs, boulingrins, terrains de sports, entreprises de prestige, etc.) et que sa gestion est assurée par des professionnels hautement qualifiés, je me limite ici à survoler certaines des caractéristiques propres à ce type de gestion.

AVERTISSEMENT
Ce type de pelouse est réservé aux professionnels. Tenter d'établir et de gérer un tel gazon sans les connaissances techniques, les budgets et l'équipement nécessaires à la tâche est une garantie d'échec.

L'implantation

C'est un des éléments clés pour réussir ce type de gazon.

Le type de sol

La qualité du sol où sont installées les graminées est primordiale. C'est pourquoi la structure, la texture et les composantes physico-chimiques qui composent le sol font l'objet d'une attention très particulière. Dès le départ, des analyses sont menées pour permettre de doser ces éléments en fonction de l'utilisation tout en tenant compte de l'effet que l'on désire obtenir (golf, sport, etc.).

Par la suite, des analyses sont faites régulièrement afin de constater les symptômes et de dépister les indices qui pourraient être la source de problèmes phytosanitaires (maladies et insectes) ou physiologiques (déficit en éléments, carences, etc.).

Comme les mauvaises herbes ne sont pas les bienvenues, elles sont rapidement et systématiquement contrôlées par la mise en place de pratiques culturales ou l'utilisation des pesticides de synthèse sélectifs.

Puisque, pour des raisons de drainage, le plus souvent, le sol est composé d'une grande proportion de sable, la pelouse est arrosée fréquemment, quotidiennement dans certains cas.

Le choix des graminées

Ce type de pelouse est généralement composé d'une, parfois deux espèces de graminées. C'est pourquoi on peut parler de monoculture.

L'agrostide stolonifère est typique des verts de golf.

Pour les verts et les tertres de départ des golfs, ainsi que pour les boulingrins, on choisit l'agrostide stolonifère. Les pelouses de prestige autres que sportives sont, la plupart du temps, des monocultures de pâturin du Kentucky.

L'entretien

Pour de tels gazons, le régime d'entretien est intense avec un calendrier de pratiques culturales (aération, terreautage) bien défini. Les fertilisations sont fréquentes et, le plus souvent, précédées d'analyse de sol plusieurs fois par an. Les arrosages sont répétés (quotidiens pour les verts de golf). Les tontes, elles aussi quotidiennes dans le cas des

L'utilisation de pesticides est nécessaire pour maintenir en parfait état les gazons grand prestige.

verts de golf, doivent être courtes. Leur hauteur varie entre 0,3 et 6 cm (⅛ à 2,5") selon l'espèce de graminée et l'utilisation de la pelouse.

Vous rêvez d'un «vert de golf»?

Si vous avez toujours rêvé de transformer votre pelouse en vert de golf et que vous êtes prêt à investir temps et argent, voici la marche à suivre:

1) *préparez-vous mentalement à dépenser des milliers de dollars et plus d'une centaine d'heures dans la mise en place de votre vert de golf;*
2) *excavez une zone de 90 m² (± 1 000 pi²) sur une profondeur de 45 cm (18");*
3) *installez 30 m (100') de tuyau de drainage de 10 cm (4") de diamètre et recouvrez de 10 cm (4") de pierres concassées;*
4) *couvrez le tout d'un mélange de sable (80%) et de terre noire (20%);*
5) *nivelez et préparez pour l'ensemencement;*
6) *semez du pâturin annuel* (Poa annua) *ou de l'agrostide* (Agrostis *sp.*)*;*
7) *achetez une tondeuse spécialement conçue pour cette utilisation (± 5 000 $);*
8) *arrosez quotidiennement;*
9) *tous les matins, retirez la rosée à l'aide d'une perche;*
10) *effectuez une tonte quotidienne à moins de 5 cm (2") de hauteur;*
11) *pendant les périodes de canicule, arrosez deux fois par jour;*
12) *en moyenne, fertilisez tous les 15 jours;*
13) *aérez deux fois par an;*
14) *terreautez deux fois par an;*
15) *appliquez régulièrement des pesticides, en particulier des fongicides puisqu'il s'agit en fait d'une monoculture.*

Au fait, profitez de votre gazon… si vous en avez le temps!

Il est impossible de maintenir un vert de golf sans y investir beaucoup de temps et beaucoup d'argent.

La pelouse industrielle est représentative de l'expansion de l'industrialisation au XXe siècle.

À la lumière de ces informations, il est facile de constater que, si on est intéressé par ce type de pelouse, il vaut mieux embaucher un agronome et une équipe d'entretien (à moins de s'armer de patience), disposer d'un bon budget, acquérir des connaissances techniques pointues et habiter dans un endroit où l'accès à l'eau et aux pesticides est illimité.

La pelouse industrielle

Né de la révolution industrielle, ce type de pelouse peut être comparé à une culture régie de façon hydroponique ou à une culture agricole issue de l'agrochimie. Comme pour ce type de culture agricole, il faut fertiliser (engrais de synthèse), désherber (herbicide), lutter contre les insectes (insecticide) et les maladies (fongicide) pour que la récolte soit parfaite, parce que le consommateur veut un fruit ou un légume esthétiquement parfait ! Ces objectifs ressemblent à ceux d'une pelouse parfaite !

AVERTISSEMENT
L'utilisation prolongée de pesticides et d'engrais de synthèse crée une dépendance. Comme pour toute dépendance, le sevrage peut être difficile et long, mais nécessaire. Pour réussir à changer de mode de gestion, il faut faire preuve de patience et être prêt à investir dans la santé du sol et des végétaux.

L'implantation

Avant de commencer à implanter une pelouse, il semble logique de s'intéresser de près au type de sol (en qualité et en quantité) ainsi qu'au choix des graminées qui la composera. Or, avec la pelouse industrielle, c'est rarement le cas.

Le type de sol

Lors de la mise en place d'une pelouse gérée de manière industrielle, la qualité du sol est rarement l'objet de préoccupations majeures. Les entrepreneurs et les jardiniers plus consciencieux suivent les normes édictées par le Bureau de la normalisation du Québec (BNQ). Toutefois, avec ce type de régie de culture, on peut avoir un sol de piètre qualité, car le gazon est maintenu en vie « artificiellement » à grand renfort d'eau, d'engrais et de pesticides de synthèse. Un peu comme pour les cultures hydroponiques.

Régie de culture

Ensemble des processus et des pratiques mises en place afin d'atteindre l'objectif de « production » que l'on a fixé.

Comme, à la limite, on pourrait presque se passer de sol, on fait fi de sa qualité (texture, structure, fertilité, matières organiques) et de sa quantité. Il suffit que le sol soit un support et que son manque de qualité soit compensé par des

Le sol laissé en place à la suite de la construction d'une nouvelle maison n'est quasiment jamais de bonne qualité.

apports constants en eau, en engrais et en pesticides. C'est seulement grâce à ces soutiens continuels qu'on arrive à avoir une pelouse belle et parfaite.

Mais attention, si les approvisionnements en eau et en engrais sont limités et que les pesticides sont interdits, ce type de pelouse ne peut survivre à ces stress. Si on cesse ces apports, rapidement les punaises des céréales ou les vers blancs font leurs ravages. Ensuite, comme elles sont mieux adaptées à des conditions difficiles, les adventices prennent d'assaut toute la surface gazonnée… et adieu la pelouse parfaite.

Terre noire

« Les terres noires sont souvent sources d'ennuis […]. Appliquée en surface et non incorporée, la terre noire n'est pas un bon support pour la pelouse. »

ROGER DOUCET, agronome

DES SYMPTÔMES ET NON DES CAUSES

Lorsque je fais des consultations, ou que je donne des conférences, on me demande souvent de donner mon opinion professionnelle sur une pelouse en mauvais état. La plupart du temps, les gens s'attendent à ce que je relie cette situation à la présence d'insectes ravageurs, de maladies ou d'adventices. Ils croient fermement que leur présence est reliée aux restrictions d'eau ou aux limites à l'utilisation des pesticides. Malheureusement, ce n'est pas la bonne déduction.

En fait, dans la majorité des cas, les conclusions sont évidentes. Dans un premier temps, le sol est de mauvaise qualité et il a été mal préparé. Combien de fois ai-je constaté qu'on avait posé du gazon en plaque sur une mince couche (2 à 3 cm [3/4 à 1"]) de terre noire déposée sur du sable ou de l'argile pure? De plus, après quelques minutes de discussion, il est facile de diagnostiquer de mauvaises pratiques de gestion.

Trop souvent, les jardiniers identifient les problèmes comme des causes et non comme des symptômes. En fait, la présence dans une pelouse d'insectes ravageurs, de maladies ou d'adventices est un symptôme qu'il existe des problèmes sous-jacents. Ils n'en sont jamais la cause.

Or, dans le modèle de gestion de la pelouse industrielle, l'accent est mis sur les symptômes et non sur les causes. Naturellement, lorsque la cause n'est pas identifiée, puis ajustée, le problème revient continuellement. Le seul moyen de se débarrasser de ce désagrément de façon durable est donc de diagnostiquer la ou les causes du problème et d'intervenir pour corriger la situation.

Gazon en plaque

Gazon cultivé dans des gazonnières et commercialisé sous forme de plaques rectangulaires qui sont roulées par le producteur afin de faciliter le transport et la manutention.

Le choix des graminées

Dans la très grande majorité des cas, les pelouses industrielles sont implantées à l'aide de **gazon en plaque**. On n'a donc pratiquement qu'un seul choix de graminées, puisque ce gazon cultivé est généralement constitué à 100 % de pâturin du Kentucky (une plante bien peu adaptée aux conditions climatiques estivales du Québec). Comme il est déjà bien établi avant sa transplantation, il est apte à survivre sur des sols de piètre qualité… à condition qu'une fois qu'il est installé on lui apporte eau, engrais et pesticides. Il arrive parfois que certains producteurs offrent des gazons en plaque cultivés avec des mélanges de graminées (plutôt que 100 % de pâturin du Kentucky).

Le gazon en plaque est constitué à 100 % de pâturin du Kentucky.

Si on désire cultiver une pelouse industrielle, mais comportant différentes graminées (généralement du ray-grass [ivraie] et des fétuques dans des proportions variées associées à du pâturin du Kentucky), il faut avoir recours au semis pour l'établissement de la pelouse. Pour cela, on doit ajouter une quantité suffisante de sol de qualité et assurer un arrosage quotidien fait manuellement ou par le biais d'un système d'irrigation automatisé. En effet, pour germer, les semences ont besoin d'un taux d'humidité constant, ce qui est difficile à maintenir dans un sol inadéquat et qui n'est pas régulièrement arrosé.

La première année

Les premières semaines, puis les premiers mois après l'installation, d'une nouvelle pelouse sont critiques. Dans le cas de la pelouse industrielle, le programme de fertilisation et d'arrosage doit être suivi de très près, car le gazon subit un stress perpétuel (mauvais sol, tonte courte, etc.). Si la routine de soins est défaillante, on voit apparaître les symptômes de la présence de **ravageurs** attirés par les graminées affaiblies. C'est à ce moment qu'on commence à utiliser des pesticides et on se rend vite compte que sans ceux-ci la beauté de la pelouse parfaite est hypothéquée.

Ravageur

Animal (insectes ravageurs) ou microorganisme (maladies) qui croît aux dépens d'une plante.

RÉFLEXION
Un agronome de renom m'a dit un jour que «*sauf exception, l'utilisation de pesticides est une indication que le gestionnaire, ou l'expert, n'a pas bien fait son travail.*»

C'est pourquoi, dans la mesure du possible, comme on sait que les problèmes feront leur apparition à court ou à moyen terme, il vaut mieux éviter de commencer à faire des traitements d'insecticides, de fongicides et d'herbicides, aussi bien préventifs que curatifs.

L'entretien

Si, pour les pelouses industrielles, le type et la qualité du sol, ainsi que le choix des graminées, ne sont pas primordiaux, il en va tout autrement pour les travaux d'entretien.

L'arrosage

Les pelouses industrielles ont besoin d'arrosages réguliers, mais bien dosés: ni trop, ni pas assez. Bien que la pluie contribue à fournir de l'eau à cette pelouse, comme le sol est de piètre qualité (le plus souvent il retient peu l'eau), on est dans l'obligation d'effectuer des arrosages.

Malheureusement, il est souvent difficile de bien jauger les besoins en eau. C'est pourquoi il arrive fréquemment que ce type de pelouse souffre de manques ou d'excès d'eau. Dans les faits, les excès sont plus fréquents sur les propriétés dotées d'un système d'irrigation automatique, particulièrement si celui-ci est mal réglé.

Un surplus d'eau (compaction du sol, irrigations trop fréquentes ou trop abondantes, etc.) est la cause de la plupart des maladies des graminées à gazon. En régie industrielle, des fongicides de synthèse sont proposés pour contrôler le problème… alors qu'il faut en fait simplement ajuster les quantités d'eau fournies à la pelouse.

La pelouse industrielle est exigeante en eau, car le sol sur lequel elle pousse est rarement de qualité.

La tonte

Pour obtenir le beau «tapis vert» que promet une gestion industrielle des pelouses, les graminées à gazon sont coupées courtes. En général, leur hauteur atteint plus ou moins 5 cm (2") du sol. Malheureusement, plus on tond court, plus les adventices ont tendance à s'établir et à coloniser la pelouse. Heureusement, il y a les herbicides!

Toujours pour un bel aspect, pas question d'herbicyclage. Donc le gazon coupé est ensaché avant d'être envoyé au dépotoir.

Toujours, et encore, pour que la pelouse soit bien verte, on fertilise avec des engrais à haute teneur en azote (N). Ce qui a pour effet que le gazon pousse vite. Résultat, on doit tondre les pelouses industrielles une fois par semaine, parfois deux.

La pelouse industrielle est tondue courte pour garder l'apparence du vert de golf.

Le chaume

Le chaume est une couche compacte (plus ou moins épaisse) de débris organiques peu décomposés qui s'accumule à la surface du sol dans une pelouse. Cette couche brun-beige, que l'on appelle aussi feutre, est créée par l'accumulation des parties coriaces des brins d'herbe (tiges et racines) partiellement décomposées.

Dans les faits, le chaume n'est pas un problème tant qu'il n'excède pas 1,25 cm (½") d'épaisseur dans une pelouse de pâturin du Kentucky.

La pelouse industrielle est souvent aux prises avec des problèmes de chaume excessif.

Contrairement à la croyance populaire, ce ne sont pas les rognures de gazon qui causent l'accumulation de chaume. Ce phénomène est relié à la santé du sol.

Dans une pelouse en santé, où l'activité biologique du sol est intense, les « débris » organiques sont décomposés par des microorganismes pour former de l'humus. Il s'agit d'un cycle naturel de décomposition qui permet la fertilisation de la pelouse. Par contre, un sol dégradé a une capacité de décomposition des matières organiques réduite (puisqu'il n'y a pas beaucoup de microorganismes). C'est pourquoi les débris organiques s'accumulent, d'année en année, à la surface du sol de la pelouse.

Comme les pelouses industrielles reçoivent des quantités massives d'engrais de synthèse et de pesticides, ce qui a pour effet de réduire la vie microbienne, la quantité de chaume est importante.

Une couche de plus de 1,25 cm (½") de chaume peut engendrer plusieurs problèmes. En voici une liste partielle :

- elle crée une barrière physique imperméable qui empêche l'eau (arrosage et pluie) de pénétrer jusqu'aux racines, ce qui provoque des problèmes de stress hydrique, de dormance prématurée, d'infestation de punaises velues ou de pyrales des prés, le développement d'adventices, etc. ;

CONSTAT
Lors de mes visites sur le terrain, je suis toujours surprise de constater la présence d'importantes couches de chaume dans les pelouses résidentielles. Parfois la couche de chaume atteint jusqu'à 5 cm (2") d'épaisseur. C'est beaucoup ! C'est surtout le symptôme alarmant que cette pelouse n'a pratiquement plus de vie biologique.

- elle favorise la croissance des racines dans la zone qu'occupe le chaume plutôt que dans le sol, ce qui a pour effet d'affaiblir les plantes ;
- elle empêche les plantes de bien résister à la sécheresse. En effet, le chaume est hydrophobe et il retient mal l'eau ;
- elle favorise le développement de certains insectes ravageurs et organismes pathogènes qui y trouvent un environnement idéal pour se multiplier. Les risques de progression des maladies et d'infestation de ravageurs, telles des punaises velues et des pyrales des prés, sont donc accrus ;
- elle peut occasionner un taux élevé de mortalité des graminées lors des températures extrêmes en été et en hiver ;
- elle peut réduire l'efficacité des pesticides à faible impact ou de pesticides de synthèse lors du contrôle des insectes ravageurs ;
- elle peut diminuer l'action des engrais.

Pelouse industrielle en climat froid

Si vous avez une pelouse industrielle et que vous habitez dans une région où l'hiver est long et que les températures d'été sont fraîches, vous êtes certainement aux prises avec un problème de chaume excédentaire. Pourquoi ? Car, plus la saison estivale est fraîche et de courte durée, moins l'activité biologique du sol est intense. Confrontées à des traitements avec des engrais de synthèse et des pesticides, les populations de microorganismes sont réduites au minimum, ce qui ne permet pas de décomposer les matières organiques accumulées. Cette situation prévaut pour beaucoup de résidents des régions du Bas-Saint-Laurent, de la Gaspésie, du Saguenay, du Lac-Saint-Jean et de l'Abitibi-Témiscamingue. Lors de visites sur le terrain dans ces régions, il m'est souvent arrivé de constater la présence de chaume à des épaisseurs de 2,5 cm (1") et plus… Ce problème étant coûteux et difficile à régler, je vous recommande d'opter pour l'écopelouse.

La régie industrielle est particulièrement problématique dans les secteurs où le climat est plus frais et les hivers plus longs. Il n'est pas rare de voir des pelouses comportant plus de 5 cm (2") de chaume.

Plusieurs facteurs contribuent à la formation de chaume. Les principaux sont :

- un pH inadéquat (trop acide ou alcalin) ;
- des engrais à teneur élevée en azote qui stimulent une croissance excessive du gazon ;
- des applications fréquentes de pesticides, tout particulièrement les fongicides et les herbicides ;
- des excès d'eau (mauvais drainage ou irrigation excessive) qui réduisent l'activité des microorganismes décomposeurs ;
- le compactage du sol qui inhibe l'activité microbienne ;
- l'enlèvement systématique du gazon coupé, source de nourriture pour les microorganismes décomposeurs.

L'aération

Les sols où on ajoute des engrais synthétiques à haute teneur en azote et qui ne profitent d'aucun apport en matières organiques (compost, rognures de gazon, etc.) ont tendance à souffrir de compaction. Comme c'est sur ce type de sol qu'on cultive la pelouse industrielle, chez celle-ci les problèmes reliés à la compaction sont récurrents.

Pour pallier ce problème, comme on ne fait pas d'apport de matières organiques, il faut pratiquer des aérations pour améliorer les conditions de croissance des racines. Malheureusement, cette pratique est trop souvent ignorée dans les programmes de gestion des pelouses industrielles.

Le terreautage

Cette pratique consiste à répandre une mince couche de terre ou de compost à la surface de la pelouse. C'est un bon moyen d'apporter une terre de bonne qualité et des matières organiques. Cependant, elle fait rarement partie de la régie de culture d'une pelouse industrielle.

La fertilisation

Dans le cas de la pelouse industrielle, comme ce sont les **intrants** qui « supportent » la croissance du gazon et non le sol (et les microorganismes), seuls les engrais de synthèse peuvent être utilisés. En effet, comme ceux-ci sont solubles et rapidement disponibles, ils nourrissent directement les plantes. Ils n'ont pas besoin de l'action (souvent lente) des microorganismes du sol pour devenir utilisables.

Pendant longtemps, la fertilisation faite par les compagnies d'entretien de pelouse était strictement épandue sous forme liquide. C'était une solution simple, efficace et économique, car les éléments nutritifs (**NPK**) sont très solubles dans l'eau, donc immédiatement mis à la disposition des racines des plantes. Par contre, ces éléments sont facilement lessivés et ils vont donc aboutir dans les nappes phréatiques et les cours d'eau. Afin de réduire les pertes (lessivage et ruissellement) de ces engrais solubles lors de pluies abondantes et d'arrosages, l'industrie a mis au point des engrais granulaires. Certains se dégradent en quelques semaines (formule régulière) alors que d'autres prennent plusieurs mois (formule à libération lente).

Pour toutes ces raisons la fréquence de la fertilisation est minimalement de quatre fois par saison, parfois plus. Les compagnies qui offrent des programmes d'entretien du gazon proposent généralement de quatre à six visites.

Si on désire le faire soi-même, il existe toute une panoplie de programmes de type « 4 étapes » en vente dans les jardineries.

Intrants

On appelle intrants les différents produits apportés aux sols et aux cultures. Ce terme comprend : les engrais, les amendements, les pesticides, etc.

NPK

Cette formule fait référence au pourcentage d'azote (N), d'acide phosphorique (P) et de potassium (K) contenu dans l'engrais. Par exemple, un engrais à gazon 28-3-6 contient 28 % d'azote, 3 % d'acide phosphorique et 6 % de potassium.

En régie industrielle, un minimum de 4 traitements (parfois 5 ou 6) est proposé à la clientèle.

Les excès d'engrais de synthèse peuvent causer des brûlures à la pelouse.

UTILE À L'OCCASION

La fertilisation avec des engrais de synthèse peut être occasionnellement bénéfique. En effet, comme ils offrent une source de nourriture rapidement accessible, ils permettent de corriger rapidement certaines carences.

Si les engrais de synthèse ont l'avantage de produire un effet rapide, leur utilisation pose plusieurs problèmes. Entre autres :

- ils accentuent les pertes de matières organiques, ce qui a pour effet qu'il faut soutenir constamment (par l'apport d'eau et d'engrais) la croissance de la pelouse ;
- ils contribuent, à la longue, à la diminution des populations de microorganismes du sol, ce qui entraîne la dégradation de la structure du sol (notamment la compaction) et nécessite un soutien accru (eau et engrais) à la culture ;
- ils rendent les plantes plus vulnérables aux ravageurs, particulièrement quand certains éléments minéraux sont présents en grande quantité ;
- ils peuvent être phytotoxiques s'ils sont mal dosés ;
- ils acidifient le sol ;
- ils augmentent la salinité ;
- ils peuvent contenir des métaux lourds ;
- ils causent souvent la pollution des sols et des cours d'eau ;
- ils sont énergivores.

Phytotoxique

Se dit d'une substance qui est toxique pour les plantes et qui peut provoquer des altérations passagères ou durables.

Les amendements

Comme les engrais de synthèse acidifient et augmentent la salinité du sol, il est parfois nécessaire d'ajouter de la chaux pour modifier le pH.

Puisque la pelouse est soutenue artificiellement, les herbicides sont nécessaires pour détruire les adventices mieux adaptées aux piètres conditions du sol.

Les adventices

Dans les pelouses industrielles, l'« ennemi numéro un » est le pissenlit, auquel il faut ajouter les plantes à larges feuilles (trèfle, plantain, etc.). Pour s'en débarrasser, on utilise les herbicides de synthèse, comme le dicamba (le 2-4D est aujourd'hui interdit), qui permettent de maintenir des pelouses quasi parfaites.

En cesser l'utilisation, c'est perdre la guerre à l'avance. Pourquoi ? Parce qu'un sol pauvre et des pratiques culturales industrialisées, comme la tonte trop courte, ne peuvent soutenir une croissance vigoureuse des graminées à gazon. Les « adventices » et les « mauvaises herbes » livrent donc un combat sans merci pour prendre leur place. Comme elles s'adaptent à des conditions agronomiques plus variées que le pâturin du Kentucky, seuls des herbicides permettent de maintenir en place les graminées décoratives.

Les insectes ravageurs et les maladies

Dans une pelouse industrielle, les infestations d'insectes ravageurs et de maladies sont contrôlées uniquement par des pesticides de synthèse. En plus des traitements à base d'herbicide, il n'est pas rare que plusieurs applications d'insecticides et de fongicides soient faites en une saison sur de telles pelouses. C'est l'approche « *See & Spray* ». À la vue d'un symptôme quelconque, on sort l'artillerie lourde.

Chez les gens qui pratiquent la culture de la pelouse selon la méthode industrielle, on constate une très grande réticence à utiliser des pesticides à faible impact ou des techniques naturelles pour contrôler les ravageurs.

Pour maintenir verte une pelouse industrielle, il faut utiliser fréquemment des pesticides.

Attention aux belles images qui vendent la pelouse parfaite, tout en étant écologique.

ATTENTION AUX ENTREPRISES SANS SCRUPULE

S'il existe d'excellentes entreprises d'entretien des pelouses soucieuses de respecter les réglementations, d'autres n'ont malheureusement pas pris de virage vert comme elles le prétendent dans leurs dépliants et leur publicité. Pour vous assurer que la compagnie dont vous souhaitez retenir les services n'a pas enfreint la réglementation municipale en appliquant des pesticides illégalement, informez-vous auprès de votre ville avant de signer le contrat.

Les tiges qui prennent la forme d'un tire-bouchon et les feuilles qui s'enroulent sur elles-mêmes sont les symptômes de l'utilisation d'herbicide de synthèse, pas d'un entretien écologique.

La pelouse industrielle pseudoécolo

On l'a compris, le concept de la pelouse gérée de manière industrielle rend les jardiniers captifs des produits (engrais et pesticides) ou des entreprises d'entretien des pelouses. Qu'il le veuille ou pas, si un jardinier veut entretenir son gazon de cette façon, il doit absolument acheter des produits ou des services.

Depuis quelques années, sous la pression des environnementalistes, un mouvement qui prône l'interdiction de l'utilisation des pesticides dans les jardins a vu le jour. Ces groupes de pression ont connu un tel succès auprès des citoyens que les autorités ont interdit l'utilisation de certains produits pesticides.

Conscientes des impacts négatifs que cette nouvelle demande des consommateurs pouvait avoir sur leur chiffre d'affaires, plusieurs entreprises d'entretien de pelouse proposent aujourd'hui des programmes « Bio », « Écolo », « Nature », « Naturel », etc. Toutefois, il faut être prudent quand on souhaite acheter de tels services. En effet, la définition de ce qui est « Bio » ou « Naturel » peut varier d'une entreprise à l'autre. De plus, les autorités gouvernementales n'ont pas interdit l'utilisation de tous les pesticides, mais seulement d'un nombre limité. Certains programmes sont donc véritablement « Bio », alors que d'autres n'en ont que le nom. Ce sont ces programmes que l'on peut qualifier de pseudoécolos.

Il est aussi important de noter qu'un programme d'entretien basé sur les principes de la pelouse industrielle continue à maintenir les consommateurs dépendants des entreprises et des produits de synthèse.

Heureusement, il existe des alternatives au gazon grand prestige et à la pelouse industrielle. Bienvenue dans le monde de l'indépendance !

Ce n'est pas parce qu'elle ne reçoit pas de pesticides qu'une pelouse ne peut pas être belle.

La pelouse sans pesticide – L'IMPLANTATION

LA PELOUSE SANS PESTICIDE EST ISSUE d'une prise de conscience collective sur les dangers que présente l'utilisation des pesticides en milieu urbain. Les jardiniers qui adoptent ce type de gestion ont compris que leurs pelouses, où leurs enfants et leurs animaux de compagnie passent une bonne partie de leur temps, étaient devenues une source de contamination possible et d'inquiétudes constantes.

Le temps est donc venu de troquer les engrais, insecticides, herbicides et fongicides de synthèse pour de nouvelles techniques tout aussi efficaces, mais beaucoup plus écologiques. Toutefois, il faut savoir que ces pratiques requièrent des connaissances et du savoir-faire (faciles à acquérir au demeurant). Eh oui, il y a un prix à payer (personnellement je ne crois pas qu'il soit très élevé) pour ramener un peu de bon sens dans la gestion de la pelouse.

Un peu de patience

Pour les propriétaires qui créent une nouvelle pelouse, les résultats se font sentir dès la première année. Par contre, pour ceux qui ont une pelouse existante, il leur faut être plus patients. En effet, cela prend du temps pour retrouver un certain équilibre. Il n'est pas simple de corriger des années « d'abus ».

De plus, cette nouvelle manière de procéder se traduit par un investissement en temps et en argent. Il est nécessaire de modifier le sol et de changer les pratiques. Il faut aussi devenir plus tolérant à la présence d'un certain nombre d'adventices. La transition peut prendre de deux à quatre ans, comme c'est le cas pour l'agriculteur qui choisit de délaisser l'agriculture chimique (agrochimie) pour une agriculture écologique plus respectueuse de l'environnement et de la santé des gens.

La pelouse sans pesticide demande un peu de patience et un peu de tolérance.

AVERTISSEMENT
Avant de vous lancer dans un projet qui vous permet de passer de la pelouse industrielle à la pelouse sans pesticide, vous devez savoir que vous devrez acquérir plusieurs connaissances. De plus, vous devrez investir du temps et de l'argent pour obtenir les résultats attendus. Même si vous décidez d'embaucher une entreprise compétente pour gérer cette conversion à votre place, vous devrez assimiler plusieurs notions afin d'avoir une bonne compréhension du dossier.

Un peu de tolérance

Comme il a été démontré dans le chapitre *Le gazon grand prestige et les pelouses industrielles*, pour maintenir la perfection cosmétique d'une pelouse, il faut investir temps (personnel ou main-d'œuvre payée) et argent (achats de produits [engrais, pesticides, etc.] ou de services). S'il est possible d'obtenir une pelouse sans pesticide parfaite, les investissements en temps et en argent sont alors très importants. Par contre, si on choisit d'être tolérant, de privilégier la santé (des humains et de la planète) plutôt que la pelouse parfaite, les dépenses et les coûts environnementaux sont moins grands.

Contrairement aux pelouses industrielles, pour les pelouses sans pesticide, le type de sol, le choix des graminées et la manière dont la pelouse est mise en place revêtent une grande importance.

Le type de sol

Bien comprendre ce qu'est un sol de qualité, un sol en santé, un sol vivant, est primordial pour cultiver une pelouse sans pesticide. Tout simplement parce que dans ce cas, on n'a pas recours aux pesticides pour régler les problèmes de maladies, d'insectes et d'adventices qui, inévitablement, prennent d'assaut une pelouse installée sur un sol pauvre et peu profond. Sans une fondation solide (en qualité et en quantité), on a constamment besoin de compenser pour obtenir une belle pelouse. Les dépenses et les coûts environnementaux sont alors élevés.

Investir dans la qualité du sol, c'est «acheter la paix» et faire des économies de temps et d'argent à moyen et à long terme.

Une pelouse installée sur un sol de mauvaise qualité, comme ici ce sol très sableux, est extrêmement exigeante en eau, en engrais, en pesticides et en temps.

Prendre le temps d'analyser les qualités et les défauts du sol permet de mieux adapter le type de plante au sol en place.

Comment se portent votre pelouse et votre sol?

Avez-vous déjà vérifié ce qu'il y avait sous votre pelouse? Lorsque vous creusez à l'aide d'une pelle, est-ce qu'elle s'enfonce facilement ou y a-t-il de la résistance? Quelle est la couleur de votre sol? Est-il brun foncé comme un sol forestier ou est-il gris ou jaune? Est-il profond ou avez-vous découvert qu'il n'y avait qu'une mince couche de terre recouvrant le remblai laissé au moment de la construction? Peu importe la situation, il est fondamental de prendre quelques instants pour vous familiariser avec les notions de base nécessaires pour combler les besoins de votre pelouse et des autres végétaux.

Les caractéristiques d'un bon sol

Au départ, il est important de définir ce qu'est un bon sol. Voici donc les principales caractéristiques d'une bonne terre à gazon :

- la texture doit être bien équilibrée ;
- la structure doit être grumeleuse ;
- la couleur doit être brun foncé ;
- l'odeur doit être agréable ;
- le pH doit osciller entre 6 et 7 ;
- le taux d'humus (matière organique) doit être élevé ;
- les éléments nutritifs doivent être en proportion et en quantité adéquate ;
- la vie dans le sol doit être abondante.

En termes de quantité, une pelouse a besoin d'au moins 15 à 30 cm (6 à 12") de bon sol pour croître.

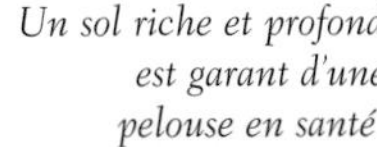

Un sol riche et profond est garant d'une pelouse en santé.

La texture et la structure

Les deux principales propriétés physiques du sol sont la texture et la structure. Les propriétés chimiques, physiques et biologiques des sols sont directement liées à ces deux éléments. Ils vont en déterminer d'autres, comme le drainage et le compactage.

La texture est la proportion des différentes particules qui composent le sol, c'est-à-dire le pourcentage de sable, de limon et d'argile. Il est fondamental de bien connaître la texture du sol pour déterminer les amendements et les techniques culturales à appliquer si cela s'avère nécessaire. Pour établir quelle est la texture d'un sol, on peut procéder à deux tests maison.

Le test du boudin

À l'aide d'une truelle, soulevez la pelouse et prélevez une pelletée de sol dans les dix premiers centimètres (4"). Humectez la terre si celle-ci est sèche. Avec vos mains, roulez une petite quantité du sol recueilli pour former un boudin mesurant environ 7 cm (2 ¼") de long.

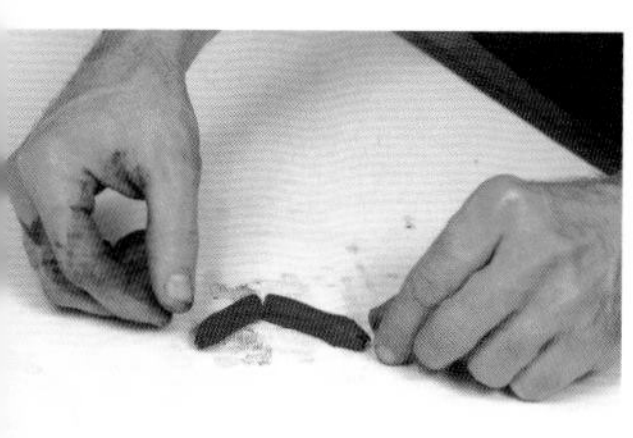

Quand le boudin casse, c'est qu'il y a une forte teneur en sable dans le sol.

S'il se défait, ou si c'est impossible de faire un boudin, le sol est probablement riche en sable ou en terre noire.

Si le boudin se tient, tentez maintenant de former un croissant et puis un cercle. Si vous y arrivez, votre sol contient une bonne portion d'argile.

Répétez l'exercice avec un échantillon de sol prélevé plus en profondeur.

Le test du toucher

Prenez une partie du sol recueilli pour l'exercice précédent et faites glisser une petite quantité de sol entre votre pouce et votre index.

Si la texture est rugueuse, votre sol contient une partie importante de sable.

Si vos doigts se tachent de brun noir et que la texture s'apparente à de la farine, vous êtes en présence d'une forte teneur en limon, de terre noire ou de matières organiques.

Si, après avoir ajouté un peu d'eau ou de salive, vos doigts glissent, votre sol a une forte teneur en argile.

Le test du pot

Bien connu dans le milieu de l'horticulture et de l'agronomie, le test du pot vous permet de déterminer approximativement la texture de votre sol. Voici les étapes à suivre :

- *choisissez un pot de type Mason de 500, 750 ou 1 000 ml (1 litre) en plastique rigide (transparent) ou en verre ;*
- *retirez le gazon et prélevez le sol à analyser (il faut choisir un échantillon représentatif du sol en place) ;*
- *enlevez les débris organiques (racines, gazon, etc.) et remplissez le pot de terre jusqu'à la moitié ;*
- *complétez celui-ci d'eau jusqu'aux ⅔. Ajoutez une goutte de savon liquide et une pincée de sel pour faciliter la lecture ;*
- *secouez énergiquement et déposez sur une tablette ;*
- *observez les particules de sable qui se déposent rapidement. Il faudra environ 30 minutes pour que tous les sables se déposent au fond. Dans les heures qui suivent, les limons se déposeront sur la couche de sable. Finalement, les fines particules d'argile se retrouveront en suspension ou se déposeront en surface après plusieurs jours ;*
- *attendez au moins deux ou trois jours (plus si l'échantillon contient beaucoup d'argile). Lorsque la majeure partie des particules minérales se sera déposée, calculez la hauteur totale du sol déposé et mesurez la hauteur de chaque couche. De bas en haut : les sables, les limons et les argiles.*

Il faut prélever le sol sous la pelouse.

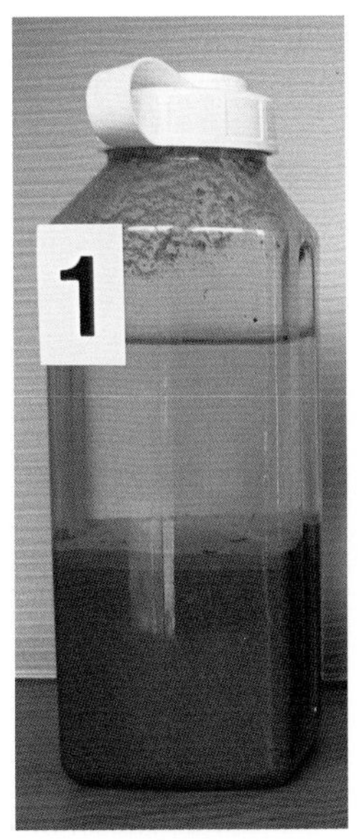

Pour connaître le pourcentage de chaque type de particules, faites le calcul suivant :

- *Exemple : les données sont : hauteur totale = 12,5 cm (5"), sable = 6,5 cm (2" ½), limon = 4,5 cm (1" ¾), argile = 1,5 cm (¾").*
- *Les calculs sont les suivants :*

– *6,5 cm de sable ÷ 12,5 cm (hauteur totale) x 100 = 52 % de sable*

– *4,5 cm de limon ÷ 12,5 cm x 100 = 36 % de limon*

– *1,5 cm d'argile ÷ 12,5 cm x 100 = 12 % d'argile*

Il ne reste plus qu'à interpréter le résultat. Ici on est en présence d'une bonne terre pour implanter une pelouse.

D'abord « déchets », les matières organiques deviennent compost.

Matières organiques

Débris de végétaux (fleurs fanées, tiges et feuilles mortes, etc.) ou déjections des animaux, souvent riches en carbone, qui ont la propriété de se décomposer. Les composts et les fumiers sont des exemples de matières organiques décomposées.

Colloïdes

Particules extrêmement petites qui, placées dans un liquide, ne se dissolvent pas, mais s'y dispersent, créant ainsi une suspension liquide ou un gel.

Agrégat

Assemblage élémentaire de particules minérales du sol (sables et limons) et de colloïdes (argiles, matières humiques, etc.).

Ces tests permettent de définir les types de sols. Un sol argileux contient généralement plus de 40 % de particules d'argiles. Un sol limoneux renferme des sables, des limons et des argiles en proportions à peu près égales. Un sol sablonneux contient plus de 43 % de particules de sables.

Il est important de connaître les proportions de ces éléments, car cela a une influence sur plusieurs propriétés des sols.

COMPARAISON DES PROPRIÉTÉS DES SOLS

PROPRIÉTÉS	Forte teneur en argiles	Forte teneur en sables
Drainage	Difficile	Facile
Compactage	Élevé*	Faible à moyen
Rétention d'eau	Forte	Faible
Rétention des éléments nutritifs	Forte	Faible
Aération	Nécessaire en cas de compaction	Peu fréquente
Fertilité	Potentiellement élevée	Faible
Ajout de matière organique	Nécessaire	Nécessaire

* particulièrement si le taux de matière organique est faible.

Tout comme les **matières organiques**, les **colloïdes** d'argiles servent de garde-manger pour les racines des végétaux. Ces matières minérales emmagasinent des nutriments et les libèrent dans le sol à mesure que les racines des végétaux y puisent l'eau et les substances nutritives dont elles ont besoin. Un sol productif doit donc contenir des proportions équilibrées de matières organiques et d'argiles.

La structure est l'agencement, ou l'assemblage, des particules du sol en **agrégats** plus ou moins stables.

Il existe trois grands types de structures :

- les structures particulaires : sables ;
- les structures grumeleuses ou fragmentaires :
  sols forestiers ou sols de potagers riches en matières organiques ;
- les structures massives : argiles lourdes ;

Pour déterminer la structure d'un sol, il est possible de réaliser un test maison.

Test de la pelle

Munissez-vous d'une pelle et disposez d'une surface dure comme celle d'un trottoir ou de toute autre surface rigide. Retirez la pelouse et prenez une bonne pelletée de votre terre jusqu'à une profondeur de 15 à 20 cm (6 à 8"). Soulevez la pelle et son contenu à une hauteur de 1 m (3') et laissez tomber la terre sur la surface rigide. Observez le comportement du sol.

Si le sol s'étale et se disperse en de fines particules, c'est qu'il est léger. C'est la structure typique d'un sol sablonneux qui ne forme pas d'agrégats stables. Vous avez affaire à une structure particulaire.

Si le sol forme des «boulettes» de plus ou moins grandes dimensions, semblables à des grumeaux, c'est qu'il est friable. Il est certainement composé de sables, de limons, d'argiles et de matières organiques. Vous avez affaire à une structure grumeleuse.

Si le sol reste en un bloc, c'est que celui-ci est très compact. Il est vraisemblablement constitué d'argiles lourdes (le plus souvent de couleur grise ou même bleu gris). Vous avez affaire à une structure massive.

Structure grumeleuse

Structure particulaire

Structure massive

PLANTES INDICATRICES SOLS SECS
Achillée millefeuille, carotte sauvage, digitaire, fraisier, herbe à poux, lupuline et oseille.

PLANTES INDICATRICES SOLS COMPACTS
Bardane, herbe à poux, mouron des oiseaux, pâturin annuel, plantain et renouée des oiseaux.

Bardane

PLANTES INDICATRICES SOLS HUMIDES ET MAL DRAINÉS
Agrostide, lierre terrestre, mouron des oiseaux, mousse, pâturin annuel, prêle des champs, souchet comestible et violette.

Amendement

Substance organique ou minérale que l'on incorpore au sol afin d'en améliorer ou d'en conserver les propriétés physiques, chimiques et biologiques.

La structure du sol a une grande importance sur la capacité des herbes à gazon de bien pousser.

Un sol à la structure particulaire ne retient pas l'eau et les éléments nutritifs. La pelouse installée dans un tel sol manque d'eau constamment et elle fait face à des carences en éléments nutritifs. Elle a tendance à rester en dormance pendant une bonne partie de l'été et est la proie d'insectes ravageurs comme les punaises velues et les vers blancs. De plus, comme plusieurs adventices poussent dans ces conditions, elles ont vite fait de prendre le dessus.

Un sol à la structure grumeleuse laisse l'eau en excès s'évacuer rapidement, mais une partie, souvent suffisante pour alimenter les plantes, est maintenue dans les premiers centimètres du sol. Il retient les engrais. Les racines peuvent y pénétrer en profondeur.

Un sol à la structure massive se compacte facilement. Les racines de la plupart des plantes ont donc de la difficulté à pénétrer le sol et reste en surface, ce qui rend les plantes vulnérables aux sécheresses et aux carences nutritionnelles. Quand il pleut ou qu'on arrose, l'eau ruisselle rapidement. Celle qui reste est difficile à évacuer. Les racines des plantes peuvent alors mourir par asphyxie.

Dans bien des cas, la texture et la structure d'un sol existant ne correspondent pas à celles qui sont souhaitables pour la culture des graminées du gazon. Plusieurs jardiniers optent pour un changement complet. Ils enlèvent le sol existant et le remplacent par un sol à la structure grumeleuse. C'est une solution chère, pas très écologique, ni très efficace. La meilleure solution consiste à améliorer le sol en place en y ajoutant des **amendements** et en y pratiquant certaines techniques culturales.

L'ajout de compost permet d'améliorer la qualité du sol en place.

Amendements et techniques permettant d'améliorer la structure du sol

Amendements	**Structure particulaire**	**Structure grumeleuse**	**Structure massive**
Matières organiques*	Ajout régulier	Apport de maintien	Ajout régulier
Argile	Ajout	Selon la texture	Non
Sable	Non	Selon la texture	Ajout
Chaux	Ajout**	Au besoin**	Ajout***
Techniques			
Aération	Peu utilisée	Selon l'utilisation	Régulièrement

* compost, feuilles mortes broyées, etc.

** fréquence en fonction de la mesure du pH et des carences en calcium

*** permet de floculer l'argile

Bien que l'on puisse améliorer la structure d'un sol en ajoutant des amendements, on peut, en même temps, détruire un bon sol par de mauvaises pratiques culturales et de fertilisation. Une panoplie d'études et d'expérimentations faites sur le terrain a démontré que les excès d'azote de synthèse et l'aération trop fréquente peuvent accélérer les pertes de matière organique présentes dans le sol et donc modifier en profondeur la structure.

La couleur et l'odeur

Un sol de qualité a une belle couleur brun foncé et il sent bon.

La présence de sable (à gauche) donne une couleur jaune au sol. L'humus (à droite) lui confère une couleur foncée.

La couleur brune, plus ou moins foncée, d'un sol indique qu'il est composé de fer, d'argiles, de limons, de sables, d'humus et de matières organiques. Si un sol est brun pâle (terre arable), c'est qu'il a une forte concentration en sable. Par contre s'il est brun foncé (sol forestier), c'est qu'il présente une forte concentration en humus et en matières organiques.

Un bon sol doit sentir le minéral et l'humus. Plus il dégage une odeur de sous-bois, plus il contient d'humus.

Bien qu'elles soient très organiques, les terres noires ne conviennent pas à la culture des graminées du gazon.

Le pH

Le pH, ou potentiel Hydrogène, est la mesure du degré d'acidité ou de basicité présent dans le sol. Il s'échelonne de 0 (acide) à 14 (alcalin), 7 étant considéré comme neutre.

La pelouse de graminées préfère les sols dont le pH oscille autour de 6,5.

La plupart des graminées à gazon préfèrent des conditions légèrement acides à neutres, soit un pH situé entre 6 et 7. À ce niveau de pH, les microorganismes du sol sont actifs et la plupart des éléments nutritifs peuvent être assimilés par les plantes. En effet, un pH acide (5,5 et moins) limite l'assimilation par les plantes du calcium, du magnésium et du molybdène et augmente les risques de toxicité du manganèse. À l'opposé, si le pH du sol est alcalin (8 et plus), on voit apparaître des carences en potassium, fer, manganèse et zinc. Quant au phosphore, il n'est disponible pour la plante que lorsque le pH oscille entre 6 et 7.

Test de pH

Pour avoir une idée approximative du pH d'un sol, on peut employer un test que l'on réalise avec des bandelettes de papier indicateur. On peut se procurer ce genre d'ensemble dans les jardineries. La procédure générale est la suivante :

- *remplissez à demi un petit bocal de terre prélevée dans la zone des racines ;*

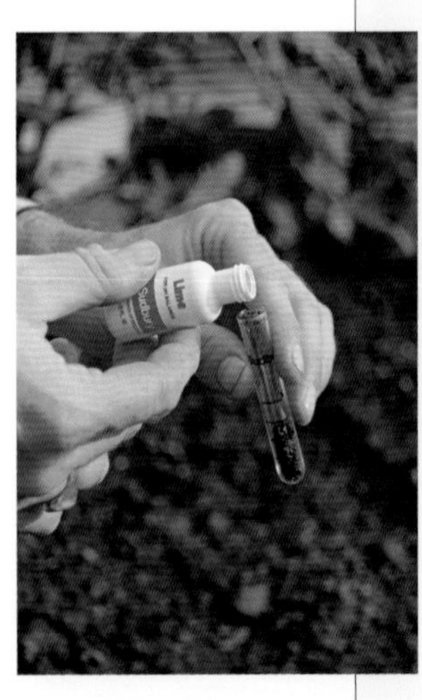

- *retirez les débris organiques ;*
- *emplissez aux 2⁄3 avec de l'eau distillée. Il est important de ne pas utiliser de l'eau du robinet qui a un pH variable selon les régions et les systèmes de traitement des eaux ;*
- *remuez pour bien diluer ;*
- *trempez les bandelettes (utilisez des bandelettes de papier dont le pH varie entre 4 et 7). Laissez réagir environ dix minutes ;*
- *les bandelettes qui changent de couleur indiquent le niveau approximatif de pH ;*
- *répétez cette opération à différents endroits.*

Pour corroborer ces résultats, on peut observer la présence sur le sol de plantes indicatrices. Il s'agit de végétaux qui poussent dans des conditions de pH particulières.

PLANTES INDICATRICES SOL ACIDE

Agrostide, épervière, fraisier, lotier corniculé, marguerite, molène, mousse et oseille.

Fraisier sauvage

PLANTES INDICATRICES SOL BASIQUE

Camomille (certaines espèces), carotte sauvage, chicorée sauvage, laiteron des champs, plantain, trèfle (certaines espèces).

DES SOLS PLUTÔT ACIDES

À cause de nos hivers et de la fonte des neiges, les sols du Québec ont, pour la plupart, tendance à être acides. On observe toutefois des sols alcalins (calcaires) dans certaines régions du Québec, incluant quelques secteurs de l'île de Montréal, de Laval et des environs.

Si on désire obtenir une lecture plus précise, il faut opter pour une analyse de sol faite par des professionnels (Coop agricole, jardineries, laboratoires, etc.).

Pour un résultat optimum, il convient de choisir les plantes en fonction du pH du sol et des conditions environnementales présentes. En ce qui a trait à la pelouse, la plupart des graminées utilisées dans les mélanges préfèrent des sols dont le pH se situe entre 5,8 et 7 (voir le chapitre *Bien choisir les plantes pour la pelouse*).

Une fois l'analyse (maison ou en laboratoire) faite, il faut parfois ajuster le pH. Pour acidifier le pH d'un sol, on ajoute, par exemple, du soufre. Pour rendre un sol plus basique, on peut y incorporer de la chaux calcique ou de la chaux dolomitique.

Il est important de savoir qu'il est vain de tenter de changer le pH de plusieurs unités à court terme, car le sol tend à revenir à son état initial. Il faut donc être patient et investir dans l'ajout d'amendement sur une base annuelle.

Humus et matières organiques

L'humus est le résultat d'un long processus de décomposition et d'humification des matières organiques.

Les matières organiques sont, sans contredit, la pierre angulaire de tout bon sol. Sans elles, il n'y a pas de vie dans le sol. Sans elles, le sol ne peut soutenir la vie. Sans matières organiques, le sol n'est pas un sol, mais seulement de la matière minérale (argiles, limons, sables) inerte. Il est intéressant de noter que malgré son humble présence dans le sol (seulement 1 % à 10 % dans les sols minéraux), son importance est inversement proportionnelle à la portion du sol qu'elle occupe.

Pour soutenir la culture du gazon, un sol doit renfermer au minimum 3 % de matières organiques. Cela dit, il est préférable que les sols en contiennent plus de 5 %, puisque, dans un sol en santé, les matières organiques sont constamment utilisées par les organismes du sol. En général, plus le sol est foncé, plus il est riche en matières organiques.

Pour connaître le taux de matières organiques facilement utilisable par les microorganismes dans un sol, on peut faire passer le test au peroxyde.

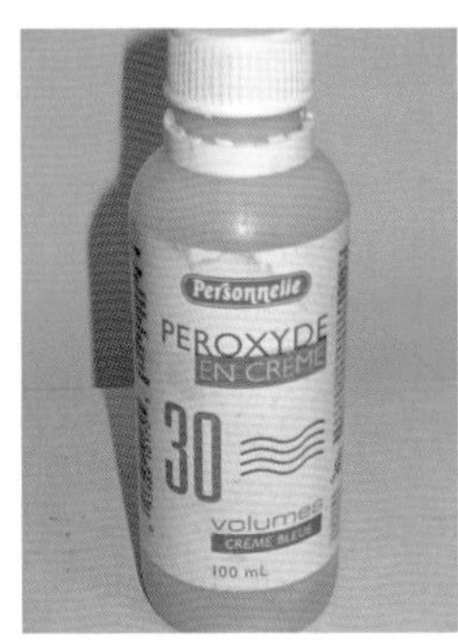

Le peroxyde 30 volumes s'achète habituellement en pharmacie.

Test au peroxyde 30 volumes

Vous devez procéder comme suit :

- *retirez la pelouse et prélevez plusieurs échantillons de terre dans la zone racinaire ;*
- *mélangez intimement les échantillons ;*
- *placez le mélange sur une surface plane ou dans un bol ;*
- *supprimez tous les débris organiques visibles (racines, feuilles, etc.) ;*
- *imprégnez le sol de peroxyde, à l'aide d'un compte-gouttes ;*
- *observez s'il y a bouillonnement. Plus le bouillonnement est long, plus l'échantillon contient des matières organiques que les microorganismes pourront utiliser comme nourriture. Plus le bouillonnement est intense (grosseur des bulles et force du bouillonnement), plus les matières organiques sont faciles à décomposer et à utiliser par les organismes du sol.*

Il est important de noter que ce test donne des résultats erronés dans les sols calcaires. Il peut donc être utilisé dans les sols dont le pH est inférieur à 7.

Les matières organiques bien décomposées forment de l'humus brun foncé.

Rôles fondamentaux des matières organiques

Les matières organiques jouent plusieurs rôles dans le sol. Notamment, elles :

- *améliorent les propriétés physiques et chimiques du sol ;*
- *allègent le sol. Elles facilitent l'aération et la pénétration de l'eau, ce qui rend le sol plus résistant à la compaction ;*
- *contribuent à maintenir une bonne structure du sol, car, lorsque les microorganismes du sol décomposent les matières organiques, cela produit des polysaccharides et des colles (colloïdes) ;*
- *confèrent au sol un effet tampon permettant ainsi de contrer les changements chimiques trop rapides à la suite d'apports répétés de produits chimiques (engrais de synthèse, sels de déglaçage, etc.) ;*
- *augmentent la rétention de l'eau et des éléments nutritifs et les rendent disponibles pour combler les besoins des végétaux. Certaines matières organiques peuvent retenir jusqu'à 20 fois leur poids en eau ;*
- *nourrissent les vers de terre et autres organismes du sol qui fournissent à leur tour des nutriments aux plantes ;*
- *limitent le développement de certaines maladies ;*
- *contribuent à la dégradation des pesticides et autres substances toxiques.*

Le compost mature fait maison est idéal pour le terreautage.

L'accumulation de matières organiques dans le sol est le résultat de l'équilibre entre l'ajout de résidus organiques et la décomposition subséquente de ces derniers par les microorganismes du sol. Pour augmenter le taux de matières organiques dans le sol, il faut donc ajouter des amendements organiques tels du compost mature ou du fumier composté bien mûr. Cela se fait généralement par voie de terreautage.

Dans une moindre mesure, les feuilles broyées et les rognures de gazon (elles fournissent cependant plus d'azote que de carbone) peuvent servir d'apport de matières organiques. Les rognures de gazon sont laissées sur la pelouse pendant l'été et les feuilles broyées à l'automne.

Le compostage est une technique qui permet d'accélérer la décomposition de la matière organique.

Un compost ou un fumier à maturité a les caractéristiques suivantes :

- il ne dégage pas d'odeur d'ammoniac (voir le test du sac Zip Lock) ;
- il est granuleux, foncé et a une bonne odeur ;
- on ne distingue plus à l'œil nu les composés d'origine ;
- il a un pH près de la neutralité (pH 7).

Les matières organiques dans le sol sont importantes puisque, non seulement elles apportent des éléments nutritifs facilement assimilables, mais, de plus, elles facilitent l'absorption des engrais que l'on peut ajouter. D'autre part, les matières organiques jouent un rôle fondamental dans la vie microbienne du sol.

Nourrir les organismes du sol

L'enlèvement des feuilles mortes à l'automne et du gazon coupé tout au long de l'été crée un manque de nourriture pour les organismes du sol. La pelouse devient alors totalement dépendante de l'apport extérieur d'engrais et de matières organiques.

L'épaisseur du sol

On a beau avoir un bon sol, si l'épaisseur de la couche n'est pas suffisante pour supporter la croissance des graminées, le résultat sera catastrophique.

Bien que les recommandations avancées par l'industrie de l'horticulture ornementale stipulent que la couche de sol qui va recevoir une pelouse doit avoir un minimum de 10 cm (4") après tassement, je vous invite à adopter de nouvelles normes. Celles-ci s'inspirent des connaissances acquises depuis peu dans la mise en place de pratiques de développement urbain à faible impact (*Low Impact Development*) ou LID.

Une pelouse ne peut pas survivre sur un sol inadéquat.

De fausses économies

Trop fréquemment, lors de la finition du terrain, on espère faire des économies en ajoutant le moins possible de terre. On recouvre souvent le sol de terre noire ou de terre très sablonneuse bon marché qui ne contribue guère à la fertilité du sol. Toutefois, à plus ou moins long terme, il n'y a pas vraiment d'économies, car il faudra dépenser temps et argent pour redonner au sol la fertilité nécessaire à la culture des graminées à gazon.

Ces normes permettent, entre autres, d'assurer un maximum d'infiltration et de rétention des eaux de pluie ou d'irrigations ce qui se traduit par une meilleure pénétration des racines et une croissance vigoureuse des végétaux. Elles recommandent que le sol sous la pelouse ait au moins 20 cm (8") d'épaisseur après un léger tassement. Idéalement l'épaisseur devrait être de 30 cm (12").

Léger tassement

Compaction légère du sol que l'on obtient à l'aide d'un rouleau à gazon qui n'est rempli d'eau qu'au tiers de sa capacité.

Au moment de l'établissement d'une pelouse autour d'une nouvelle construction, il peut y avoir deux scénarios possibles.

Scénario n° 1 : la nouvelle construction est entourée de remblai ou de terre minérale (argile, sable, roches)

La solution la plus rapide consiste à faire livrer suffisamment de terre à gazon et d'en épandre une couche uniforme de la hauteur désirée sur le dessus du sol de remblai. En plus de coûter cher, cette approche est loin d'être écologique (voir la section *Comment acheter de la bonne terre* dans le présent chapitre).

Il est donc préférable d'utiliser le sol en place et de le régénérer avec de la terre à gazon, du compost et autres matières organiques. Cela permet ainsi de réduire les quantités achetées et d'obtenir un profil de sol perméable, sans zones compactes.

Il faut toujours s'assurer de la qualité de la terre qu'on achète.

Améliorer un sol de remblai

Procédez comme suit :

- *mesurez la surface à couvrir, calculez la quantité de terre à gazon nécessaire pour obtenir une épaisseur minimale de 20 cm (8") et soustraire du total obtenu ⅓ de la quantité nécessaire ;*
- *commandez la quantité ainsi obtenue. Si la terre à gazon vendue chez le fournisseur ne contient pas de compost, répartir les quantités de votre commande entre ⅓ de terre à gazon et ⅓ de compost ;*

DES RÉPERCUSSIONS À CONSIDÉRER

Les conséquences de l'utilisation d'une terre de mauvaise qualité en quantité insuffisante sont nombreuses : usage de pesticides pour contrôler les adventices, les insectes ravageurs et les maladies ; arrosages plus fréquents ; fertilisations plus importantes, etc.

Rotodairon

Équipement motorisé qui permet de brasser, pulvériser, mélanger et niveler le sol en une seule opération.

Barrière de texture

Point de rencontre de deux zones de texture différentes qui empêche le développement des racines et qui interrompt l'action capillaire ascendante de l'eau.

- *dans le cas où le sol est très compacté, il est recommandé de passer le rotoculteur ou un* **rotodairon** *(on peut aussi le faire à la main avec une fourche bêche sur les petites surfaces) sur les premiers centimètres de remblai avant d'étaler la terre ;*
- *déposez une première couche de 75 mm (3") de terre amendée (ou de terre et de compost) sur le sol minéral ;*
- *passez le rotoculteur ou le rotodairon sur une profondeur de 75 à 100 mm (3 à 4") pour ameublir le sol d'origine et y incorporer la terre amandée. Cette étape est cruciale pour ne pas créer une* **barrière de texture** *;*
- *déposez le restant de la terre en surface, nivelez et tassez légèrement à l'aide d'un rouleau à gazon.*

SCÉNARIO Nº 2 : la terre déjà en place semble de qualité acceptable

C'est le cas dans certains développements domiciliaires, mais c'est surtout la situation qui existe quand on décide de rénover une pelouse existante. On réalise alors cette procédure une fois le gazon enlevé.

Améliorer une terre existante

Procédez comme suit :

- *faites la série de tests maison proposés précédemment pour déterminer les qualités de votre sol. Si nécessaire, vous pouvez faire faire une analyse de sol dans un laboratoire compétent. Cette solution a l'avantage de donner des résultats plus précis ;*
- *à l'aide d'une pelle, vérifiez la profondeur de votre sol. En creusant, vous découvrirez ce qu'on appelle l'horizon A, le sol plus foncé, riche en matières organiques, et l'horizon B, la zone de transition où l'on observe surtout du sol minéral (sables, argiles, graviers). Mesurez l'épaisseur de l'horizon A (foncé). S'il a moins de 75 à 100 mm (3 à 4") (signe que le sol est argileux ou sablonneux), ajoutez de 50 à 75 mm (2 à 3") de compost et passez le rotoculteur ;*
- *apportez les correctifs établis grâce aux tests ou aux analyses en épandant, au besoin, des engrais naturels, de la chaux et tout autre amendement ;*

- *ajoutez la quantité de terre à gazon qui sera nécessaire pour atteindre 20 cm (8") après tassement;*
- *passez à nouveau le rotoculteur;*
- *nivelez et roulez dans un seul sens. Évitez de faire plus d'un passage avec le rouleau pour empêcher la compaction.*

Dans bien des cas, la pelouse est déjà posée et la qualité de la terre laisse à désirer. Comme il n'est pas possible, ou souhaitable, de tout recommencer, il faut choisir une stratégie différente pour améliorer les qualités du sol.

Améliorer le sol d'une pelouse existante

Cette série d'observations doit être réalisée en plusieurs endroits.

Procédez comme suit:

Il est parfois nécessaire d'améliorer une pelouse existante.

- *à l'aide d'une pelle à jardin, découpez un carré de 30 cm (12" x 12") dans la pelouse et mettez-le de côté;*
- *dans le trou ainsi creusé, mesurez l'épaisseur de l'horizon A (couche foncée) ainsi que l'épaisseur et la texture de l'horizon B;*
- *vérifiez s'il y a une zone compacte entre les deux horizons et si la terre de l'horizon A se mélange à l'horizon B;*
- *faites la série de tests maison proposés précédemment pour déterminer les qualités de votre sol. Si nécessaire, vous pouvez faire faire une analyse de sol dans un laboratoire compétent. Cette solution a l'avantage de donner des résultats plus précis;*
- *à partir des tests ou des analyses, identifiez les correctifs et épandez (sur la pelouse), au besoin, des engrais naturels, de la chaux et tout autre amendement;*
- *si l'épaisseur de l'horizon A est inférieure à 15 cm (6") ou que vous avez noté plusieurs problèmes, pratiquez un terreautage bisannuel ou annuel après une aération (voir la section* Terreautage *dans le chapitre* La pelouse sans pesticide – L'entretien*);*
- *si l'épaisseur de l'horizon A est d'au moins de 15 cm (6") et que vous ne notez pas de problèmes majeurs, pratiquez un terreautage tous les deux ans.*
- *si la qualité de la pelouse ne vous convient pas, et que les problèmes sont trop nombreux, enlevez la pelouse et appliquez le scénario n° 2 décrit précédemment.*

Comment acheter de la bonne terre ?

Quand on achète de la terre en vrac, celle-ci devrait avoir les caractéristiques suivantes :

- terre amendée de compost bien vieilli, ayant une teneur minimale de 5 % en matières organiques ;
- texture fine ;
- bonne odeur d'humus ;
- sans biosolides ;
- pH de 6,5 à 6,8 ;
- saturation des bases : 2 à 5 % de potassium, 10 à 15 % de magnésium et 65 à 75 % de calcium.
- exempte de graines d'adventices.

Biosolides

Boues d'épuration et autres résidus provenant des usines de traitement des déchets urbains et industriels et du traitement des eaux résiduelles.

Dans un monde idéal, le fournisseur devrait vous procurer une analyse indiquant ces critères. Malheureusement, à moins qu'on ne soit un professionnel, c'est rarement le cas.

Dans la vraie vie, on commence par choisir un fournisseur reconnu. Au besoin, surtout s'il s'agit de grosses quantités, on demande des références. Bien expliquer ses besoins permet aussi au commerçant de vous proposer le produit approprié. Visiter l'endroit où le mélange de terre est produit permet de faire une inspection visuelle et tactile. Une bonne terre à gazon doit avoir une belle couleur brun foncé, une bonne odeur d'humus et quand on la prend dans ses mains, elle forme des grumeaux. S'il est presque impossible qu'une terre soit totalement exempte de graines d'adventices, par contre, il faut veiller à ce qu'elle ne comporte pas de racines (rhizomes) de mauvaises herbes, notamment de chiendent. Les racines blanches sont faciles à détecter lors d'une inspection visuelle faite au moment de la livraison.

Seule une terre de bonne qualité permet la mise en place d'une pelouse sans pesticide.

Acheter du compost se fait dans les mêmes conditions. Toutefois, pour connaître son mûrissement, il est possible de réaliser le test du sac.

ACHETER DE LA TERRE N'EST PAS UN GESTE ANODIN !

Vous êtes-vous déjà demandé d'où vient la terre que vous achetez? Qu'elle soit en sac ou en vrac. En fait, celle-ci est ramassée sur des terres agricoles ou d'anciens terrains en friche. La couche superficielle d'une prairie, d'un sol agricole ou d'un boisé est décapée, tamisée et mélangée à du sable, de la chaux et du compost pour produire de la terre de surface (*top soil*) ou de la terre à gazon qui sera utilisée en milieu urbain. Cette manière de procéder a de nombreux impacts environnementaux. Les surfaces où les terres sont prélevées deviennent impropres à la culture pour de très nombreuses années. Le transport, la fabrication puis la livraison génèrent de grandes quantités de GES. D'où l'importance de minimiser l'utilisation de la terre sous toutes ses formes.

Le test du sac Zip Lock

Voici la procédure :

- *mettez 2 à 4 tasses de compost pur, ou de mélange, dans un sac de style Zip Lock ;*
- *fermez-le hermétiquement ;*
- *placez-le à la température de la pièce ou au soleil pendant une semaine à 10 jours ;*
- *ouvrez et sentez.*

Si l'odeur est un agréable parfum de sous-bois, votre compost est mûr. Par contre, si vous détectez une odeur d'ammoniac ou d'œufs pourris, le compost a besoin de mûrir plus longtemps.

Le choix des graminées et autres plantes à gazon

Si, en général, les pelouses industrielles sont principalement composées de pâturin du Kentucky, pour les pelouses sans pesticide, il est possible d'utiliser d'autres espèces de graminées. À ce sujet, voir le chapitre *Bien choisir les plantes pour la pelouse*.

Toutefois, si on souhaite diversifier la composition du mélange, on ne peut plus utiliser le gazon en plaque, puisque généralement il est exclusivement composé de pâturin du Kentucky. Il faut alors avoir recours au semis. Gazon en plaque ou semis ? Le tableau qui suit permet de juger selon les critères que l'on s'est fixé. Si on souhaite cultiver une pelouse diversifiée, mais qu'on doit, pour quelques raisons que ce soit, recouvrir rapidement le sol, on peut installer du gazon en plaque et, par la suite, semer (sursemis) d'autres espèces de graminées moins exigeantes. Voir à ce sujet le chapitre De la pelouse industrielle… à l'écopelouse.

Gazon semé ou en plaque ?

Critères	Semé	En plaque
Coût du matériel	Faible	Élevé
Temps pour l'établissement	Long	Faible
Travail nécessaire à l'installation	Faible	Élevé
Frais d'installation	Faibles[1]	Moyens à élevés[2]
Travail nécessaire jusqu'à l'établissement	Élevé	Moyen
Choix des espèces de graminées	Multiple	Très limité[3]
Choix d'autres espèces	Multiple	Nul
Période pour l'installation	Au printemps Idéal début automne	Du printemps à la fin de l'automne
Risque d'échec	Élevé	Faible
Possibilité d'envahissement par les adventices	Élevés[4]	Faible
Risque d'érosion	Élevé[5]	Faible
Risque de contact avec des pesticides	Nul à faible	Moyen à élevé[6]

1) Si le travail est exécuté par le propriétaire.
2) Même si le travail a été effectué par le propriétaire.
3) Presque uniquement le pâturin du Kentucky.
4) Au moment du semis, il faut éliminer le plus possible les adventices.
5) Couvrir le semis de toile organique ou de paille réduit les risques.
6) Surtout si des traitements en gazonnière ont été réalisés avant la livraison.

SITUATION TEMPORAIRE

Si vous avez de jeunes enfants et que vous devez recouvrir le sol entourant votre nouvelle maison rapidement, il y a de grandes chances que vous optiez pour la pose de gazon en plaque. Pour minimiser l'impact des pesticides résiduels, arrosez copieusement la pelouse installée pour les lessiver. Attendez quelques semaines avant de laisser les enfants jouer dessus. Une fois bien établie, semez (sursemis) d'autres graminées ou d'autres plantes pour créer de la biodiversité.

Comment poser du gazon en plaque?

À l'aide de l'information fournie à la section *Le type de sol,* il est possible de préparer adéquatement le sol qui recevra les rouleaux de gazon. Voici comment procéder ensuite pour réaliser un travail de qualité

Commander et réceptionner le gazon

Après avoir calculé adéquatement les quantités de rouleaux dont on a besoin (surveiller les conversions entre les pieds carrés, les verges et les mètres carrés), on passe la commande. Attention, il faut prévoir quelques jours entre la date où on commande et la livraison si on désire de grandes quantités.

On demande que les rouleaux soient livrés le jour même de la pose. Si ce n'est pas possible, on doit s'assurer qu'une personne est présente lors de la réception. Elle peut alors demander aux livreurs de déposer les palettes de gazon en plaque dans un endroit ombragé à l'abri du vent. La pose doit être effectuée dans les 24 heures qui suivent la réception.

Il faut éviter que les rouleaux de gazon ne dessèchent au soleil.

La préparation du terrain avant de dérouler du gazon doit être faite soigneusement.

Préparer le terrain

Le terrain est préparé selon la technique proposée à la section *L'épaisseur du sol.*

S'il n'a pas plu dans les jours antérieurs, on arrose le sol en profondeur la journée précédant la pose.

Après ces étapes, on incorpore en surface (1 à 2 cm [½ à ¾"]) un engrais naturel enracineur (poudre d'os, etc.) et des mycorhizes. Ensuite on égalise le sol pour obtenir le niveau le plus parfait possible. On peut s'aider en plaçant des cordes au niveau final souhaité. Avec un rouleau à gazon, on roule la terre. On corrige le niveau de terre là où le roulage a créé des dépressions, ou aux endroits où il semble y avoir une butte. On pratique un nouveau roulage.

MYCORHIZES ET ENGRAIS

Attention, les engrais enracineur de synthèse de type (10-52-10) empêchent les mycorhizes de faire leur travail. On ne doit donc utiliser que des engrais 100 % naturels.

Après un ajout de mycorhizes, on doit à tout prix utiliser des engrais naturels.

Juste avant la pose, on épand des mycorhizes pour pelouse à raison de 2 kg/100 m^2 (4 lb/1 000 pi^2) à la surface du sol. Il ne faut pas les incorporer. Au contraire, les mycorhizes doivent être en contact direct avec les racines du gazon. On peut aussi effectuer une vaporisation d'extraits d'algues liquides ou un léger saupoudrage d'algues granulaires.

Poser les rouleaux

Selon la configuration du terrain, on pose le gazon en plaque en commençant dans la section où le terrain est le plus long et le plus droit. On dépose les plaques en faisant se chevaucher les joints comme pour la pose des briques ou en respectant un motif d'escalier. On a soin de bien serrer les joints entre les plaques. Il faut éviter le chevauchement des plaques ou l'espacement entre celles-ci.

À l'aide d'un couteau tranchant, on découpe les plaques de gazon le long des plates-bandes ou des plantations, au fur et à mesure qu'on progresse. Pour découper deux plaques de gazon qui se chevauchent, il suffit de mettre les deux plaques l'une sur l'autre et, avec un objet tranchant, de venir découper autour de la plaque du dessus. Par la suite, on soulève la plaque du dessus et enlève le morceau du dessous. Il ne reste plus qu'à reposer le morceau

Les plaques doivent se chevaucher comme pour la pose des briques.

du dessus dans l'espace libéré par celui du dessous.

Une fois la pose terminée dans une section, on roule le gazon dans un sens, puis dans l'autre pour assurer le maximum d'adhérence au sol. On arrose abondamment les sections terminées.

On poursuit le travail section par section en s'assurant de bien rouler puis d'arroser. Les arrosages doivent être faits en profondeur pour assurer la pénétration de l'eau au travers de la couche de feutre et dans les premiers centimètres de sol sous la pelouse.

Après la pose

Dans les jours qui suivent la pose, on s'assure de maintenir les plaques de gazon et le sol humides, mais pas détrempés.

Lorsque les racines font leur apparition sous le gazon, on réduit la fréquence de l'arrosage pour arroser moins souvent, mais en profondeur. Il faut être vigilant et vérifier que le sol est humide sur une profondeur d'au moins 10 à 15 cm (3 à 4"). Pour contrôler, on soulève le coin d'une plaque de gazon et on teste l'efficacité de l'arrosage en creusant dans le sol.

Il ne faut pas fertiliser la pelouse pendant sa période d'établissement ; par contre, une vaporisation foliaire de biostimulants, tels que des extraits d'algues sous forme liquide ou du thé de compost, donne un coup de pouce et réduit les impacts des stress environnementaux.

Après la pose, il faut s'assurer que la terre sous les plaques de gazon reste constamment humide.

On évite de marcher ou de jouer sur la pelouse tant que les racines ne sont pas bien établies.

On effectue la première tonte lorsque le gazon atteint 10 cm (4").

Comment semer une pelouse ?

Bien que le temps nécessaire à l'établissement d'une pelouse ensemencée puisse en rebuter quelques-uns, l'économie en argent (à court et à long terme) et la liberté de choisir un mélange de semences adaptées à ses besoins et à ses attentes sont des éléments qui font pencher la balance pour cette méthode.

Préparer le terrain

Pour préparer le terrain en vue du semis, on procède comme si on allait dérouler de la tourbe. Toutefois, juste avant de semer, au lieu de rouler une dernière fois, on ratisse le sol pour le rendre le plus meuble possible.

Ensemencer

On commence par diviser la quantité totale de semences en deux parties égales. Sur une petite surface, on sème à la volée ou avec un épandeur manuel. On répand uniformément la première moitié des semences dans un sens, puis l'autre moitié perpendiculairement au sens précédent.

RESPECTER LE TAUX DE SEMENCES

Selon les espèces choisies, ou le mélange, la quantité de semences à épandre varie. Que la référence soit le nombre de graines ou le poids, il faut suivre les indications mentionnées sur le sac.

Utiliser des semences de qualité est un gage de réussite.

Pour obtenir de bons résultats, il faut suivre les indications du fabricant quant à la quantité de graines à semer.

Pour les moyennes surfaces, on utilise un épandeur à engrais ou un épandeur à compost (terreauteur) avec la même technique.

Si on craint de faire un semis irrégulier, on réduit le débit de l'épandeur au minimum et on fait plusieurs passages jusqu'à ce que le semis soit uniforme. Attention, il n'est pas mieux de mettre trop de semences.

Une fois le semis complété, on effectue une vaporisation d'un biostimulant fait d'extraits d'algues liquides ou un léger saupoudrage d'algues granulaires. Il est reconnu que les hormones de croissance et les oligo-éléments contenus dans les algues favorisent la germination et l'établissement, assurant ainsi un meilleur taux de succès.

Ensuite on recouvre les semences d'une fine couche de compost. À l'aide d'un rouleau vide, on roule le gazon dans un sens puis dans l'autre. On arrose en fine pluie de manière à ce que la terre soit bien humide.

Les biostimulants sont reconnus pour accélérer et augmenter le taux de germination.

Après le semis

On s'assure que la terre reste humide sans excès jusqu'à ce que le gazon lève. Pendant cette période l'arrosage doit être fait avec de fines gouttelettes et fréquemment. On vise normalement à maintenir humide la couche superficielle de 6 à 13 mm (¼ à ½"). Ensuite, pour favoriser un enracinement profond, on réduit la fréquence et on augmente la durée de l'arrosage pour que l'eau pénètre au minimum jusqu'à 6 à 8 cm (3 à 4") de profondeur.

L'utilisation de biostimulants pendant la période d'établissement, et par la suite, est recommandée.

On évite de marcher ou de jouer sur la pelouse tant que les racines ne sont pas bien établies.

On effectue la première tonte lorsque le gazon atteint 10 cm (4").

Si des plantes adventices non désirées se pointent le bout du nez, on fait un contrôle manuel.

VÉRIFIER POUR NE PAS TRAVAILLER POUR RIEN

Si vous n'êtes pas sûr de la qualité de vos semences, faites un test de semis dans un petit coin de votre jardin. Si toutes les semences germent régulièrement, elles sont de bonne qualité. Par contre, si la germination est irrégulière, procurez-vous de nouvelles graines.

PRÉPARER SON MÉLANGE MAISON

Depuis quelques années, il est possible de préparer ses propres mélanges à gazon. En effet, plusieurs marchands spécialisés offrent des semences à gazon en variétés séparées. On peut alors concevoir son propre mélange, souvent mieux adapté aux conditions environnementales de son terrain que les mélanges tout usage.

POUR LES GRANDES SURFACES

Si vous devez ensemencer un grand terrain ayant une forte pente, faites appel à un spécialiste de l'ensemencement hydraulique. Une machine spéciale projette un mélange à base de semences, de pâte de papier ou de compost et d'un agent protecteur qui prévient l'érosion. Cette technique, développée pour les talus d'autoroutes et les grands espaces difficiles d'accès, est maintenant offerte par certains entrepreneurs pour l'aménagement de terrains privés. Si vous optez pour cette technique, demandez que soient ajoutés au mélange des mycorhizes à raison de 2 kg/100 m^2 (4 lb/1 000 pi^2). Cela vous permettra dorénavant de réduire les apports d'engrais de près de la moitié.

Tout comme la pelouse industrielle, la pelouse sans pesticide demande de nombreuses interventions.

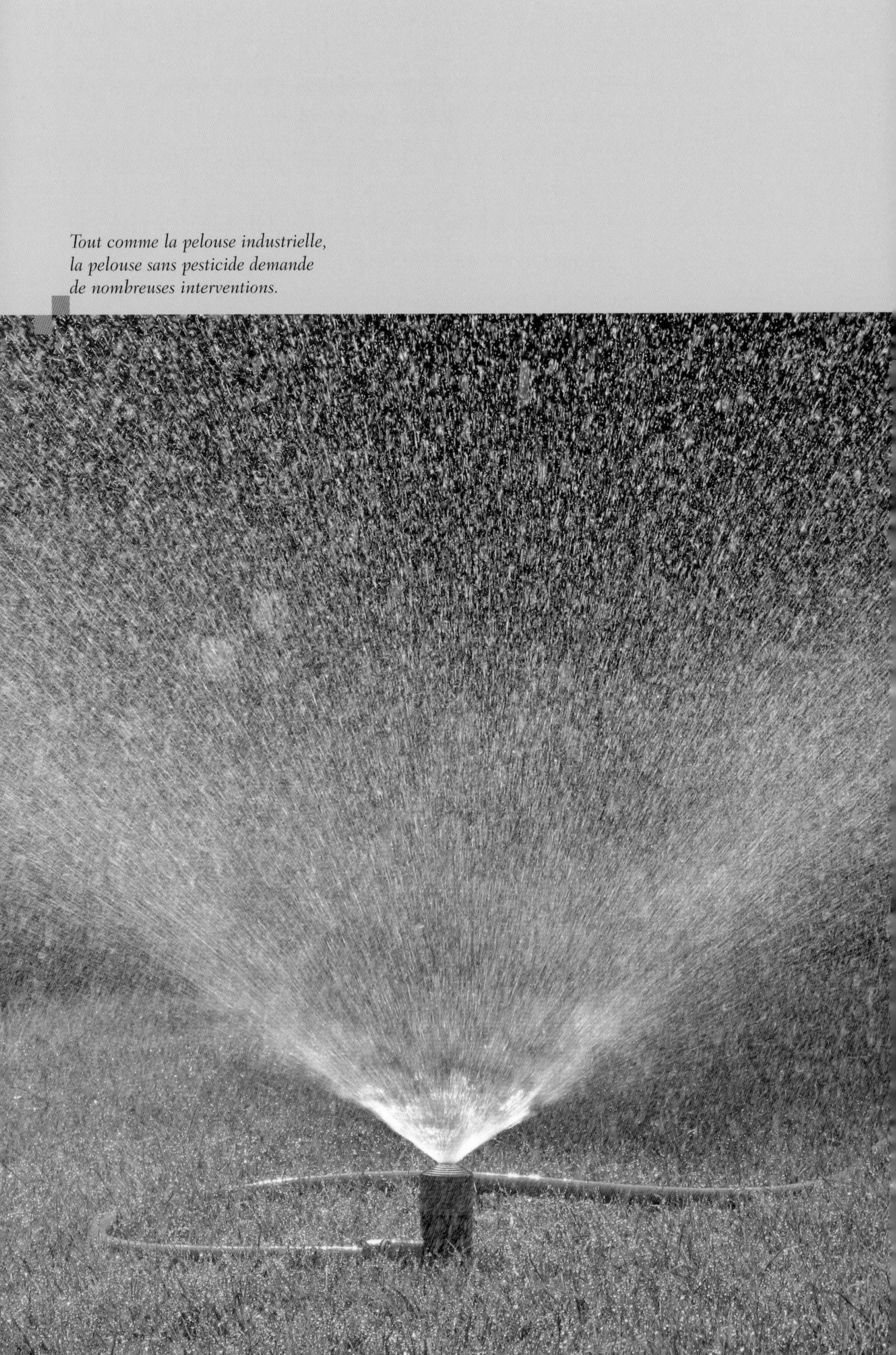

La pelouse sans pesticide – L'entretien

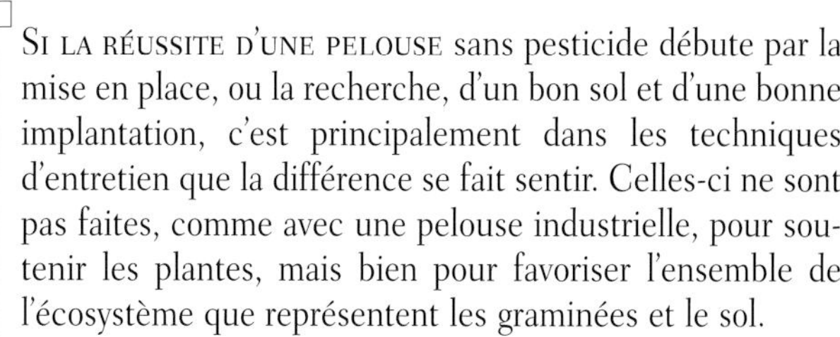

Si la réussite d'une pelouse sans pesticide débute par la mise en place, ou la recherche, d'un bon sol et d'une bonne implantation, c'est principalement dans les techniques d'entretien que la différence se fait sentir. Celles-ci ne sont pas faites, comme avec une pelouse industrielle, pour soutenir les plantes, mais bien pour favoriser l'ensemble de l'écosystème que représentent les graminées et le sol.

De plus, même si elle demande des connaissances techniques, une fois que celles-ci sont acquises, l'entretien prend moins de temps et coûte moins cher, car il s'inspire de la nature.

L'arrosage

Bien des jardiniers se demandent si l'arrosage d'une pelouse établie est nécessaire. La réponse n'est pas aussi simple que oui ou non. En fait, ça dépend. Plusieurs critères doivent être pris en compte :

- les attentes du jardinier. (Veut-il un gazon toujours bien vert ou supporte-t-il un gazon un peu moins vert dans les fortes chaleurs ?) ;
- la qualité du sol ;
- les graminées qui composent la pelouse ;
- la tolérance du jardinier à la présence d'adventices ;
- des préoccupations environnementales, etc.

Cependant, il y a une règle qu'il faut toujours respecter. On ne doit jamais arroser au printemps. Il faut attendre les sécheresses du début de l'été avant même de considérer à l'arrosage. Pourquoi ? Pour forcer les racines à chercher de l'eau en profondeur. En effet, si on arrose avant que les plantes aient pu vivre un certain stress hydrique, les racines se développent dans les premiers centimètres du sol, ce qui les rend vulnérables aux sécheresses subséquentes. En fait, des racines profondes sont plus aptes à puiser des minéraux en profondeur et les plantes résistent et récupèrent mieux des attaques de vers blancs.

En cas de chaleurs prolongées, il est indispensable d'arroser la pelouse sans pesticide.

Déterminer s'il faut arroser

Pour déterminer si on doit arroser une pelouse et quelle quantité on doit apporter, on peut réaliser l'exercice suivant :

1) on détermine la composition de la pelouse (espèces et pourcentage de graminées, de trèfle, etc.) ;

2) en se référant au chapitre *Bien choisir les plantes pour la pelouse*, on établit les besoins des végétaux qui composent la pelouse ;

3) si on ne les connaît pas encore, on définit les qualités du sol (texture, compaction, matière organique) ;

4) on pose les questions suivantes :

   a) à quelle hauteur la pelouse est tondue ? Une pelouse coupée à moins de 7,5 cm (3") demande plus d'eau, car le sol est moins à l'ombre, ce qui augmente son évaporation ;

   b) la lame de la tondeuse est-elle bien affutée ? Une lame mal aiguisée ne tranche pas les feuilles de gazon, mais les déchire. Cela augmente la surface au contact de l'air, accroissant ainsi les pertes d'eau ;

   c) le gazon coupé est-il ensaché ? Comme les brins d'herbe coupés sont constitués de près de 80 % d'eau, les laisser sur le sol représente un apport d'eau ;

5) on observe comment la pelouse se comporte pendant les canicules, quelle quantité d'eau est absorbée et quelle quantité d'eau ruisselle pendant une averse, afin d'établir le niveau d'absorption du sol ;

6) on note ou on vérifie les quantités de pluie tombées dans la région au cours des dernières journées.

En colligeant toutes ces informations, si on arrive à la conclusion que la pelouse a besoin d'arrosage, il faut maintenant déterminer les quantités d'eau à apporter.

En général, une pelouse de graminées a besoin de 2,5 cm d'eau par semaine.

Déterminer combien de temps il faut arroser

Le plus souvent, pour connaître combien de temps il faut pour accumuler 2,5 cm (1") d'eau sur une pelouse, on conseille d'y placer un récipient et de calculer le temps nécessaire pour obtenir la quantité souhaitée. Il existe une autre méthode plus précise, et donc plus écologique, parce qu'elle permet d'établir avec plus de précision les quantités d'eau à fournir, ce qui évite le gaspillage.

La procédure est la suivante :

ÉTAPE Nº 1 : on choisit un moment où le sol est sec et que la pelouse est assoiffée. Il faut éviter de faire le test sur un sol humide, car les données sont alors faussées.

ÉTAPE Nº 2 : on identifie un endroit très ensoleillé sur la pelouse. Si l'arrosage se fait manuellement, on installe un arroseur (gicleur, oscillateur, etc.). On ouvre alors le robinet à son maximum et on calcule une période de 30 minutes.

Si l'arrosage est contrôlé par un système automatique, après avoir sélectionné le programme manuel, on déclenche une zone où le gazon se trouve au soleil pour une durée de 30 minutes ;

ÉTAPE Nº 3 : une fois la période d'arrosage terminée, on enfonce une pelle dans le sol et on fait une tranche de manière à voir jusqu'où l'eau pénètre dans le sol. À l'aide d'un ruban à mesurer, on évalue la profondeur de la zone humide. On remet ensuite le sol en place.

Une minuterie permet de fournir la bonne quantité d'eau et éviter le gaspillage.

ÉTAPE Nº 4 : on poursuit l'arrosage, par période de 30 minutes, jusqu'à ce que le sol soit mouillé sur une profondeur de plus de 10 cm (4").

Si, après plusieurs essais, l'eau ne semble plus pénétrer dans le sol ou qu'elle ruisselle (s'écoule en surface), c'est que le sol est vraisemblablement compact ou riche en argile.

Dans ce cas, il faut réduire le temps d'arrosage, mais multiplier la fréquence dans une même journée. Il faut à tout prix éviter d'arroser fréquemment sur plusieurs jours d'affilée.

Dans un sol saturé d'eau, celle-ci reste en surface.

UN GESTE CITOYEN

Si la réglementation municipale interdit l'arrosage le matin entre 4 h et 10 h, contactez vos élus ou les responsables du dossier à la Ville pour les encourager à modifier le règlement.

Si, au contraire, l'eau semble descendre rapidement en profondeur, on doit réduire le temps d'arrosage afin d'éviter le gaspillage.

Une fois que le temps d'arrosage est déterminé, dans le cas d'un système manuel on installe une minuterie. Pour les systèmes d'arrosage automatisés, on ajuste la programmation en fonction des résultats obtenus.

Cette technique permet de faire un arrosage de qualité et de réduire de façon importante la fréquence des arrosages. On économise ainsi temps et argent et on contribue de façon significative à la sauvegarde de cette précieuse ressource.

Les écol'eaugestes

Afin d'obtenir une belle pelouse tout en minimisant l'utilisation de l'eau, plusieurs gestes peuvent être posés. On peut les qualifier d'écol'eaugestes.

Ils consistent à :

- implanter la pelouse sur la terre qui convient aux graminées ;
- régler la hauteur de coupe de la tondeuse à gazon à plus de 7 cm (2" ¾). En effet, plus le gazon est long, plus ses racines sont profondes et plus les feuilles créent de l'ombre sur le sol, ce qui permet de mieux conserver l'humidité ;
- utiliser l'eau que la nature fournit sous forme de pluie. Si elle apporte les quantités nécessaires, on réduit l'arrosage en conséquence ;
- arroser peu souvent, mais en profondeur. En fait, il faut éviter d'arroser pour uniquement humecter la surface du sol, car les racines auront alors tendance à demeurer en surface et le gazon sera alors plus vulnérable aux sécheresses et aux ravageurs ;
- déterminer la quantité d'eau dont la pelouse a réellement besoin. Cette accumulation peut varier en fonction des espèces végétales qui la composent, de la texture du sol, de son contenu en matières organiques et de la pression d'eau disponible ;

- arroser, tout en respectant les réglementations, seulement lorsque l'évaporation est à son minimum, c'est-à-dire quand les températures sont fraîches et qu'il ne vente pas. Ces conditions sont normalement réunies le matin, du lever du soleil à environ 10 h.

La dormance

Après une période de sécheresse prolongée ou de canicules, ou encore une tonte trop courte, il arrive que les graminées se mettent à jaunir ou brunir. La plupart du temps, c'est au milieu de l'été que ce phénomène se produit. C'est ce qu'on appelle la dormance.

Dans la partie avant, la pelouse coupée courte est en dormance. La pelouse voisine, coupée plus longue, est toujours verte.

Il faut savoir que les graminées qui poussent bien sous nos latitudes sont des graminées de climat froid, à l'opposé des graminées de climat chaud qui poussent en Floride. Ce ne sont pas les mêmes espèces. Les graminées de climat froid poussent activement lorsque les températures oscillent entre 15 et 27 °C. Au-delà de ces températures, elles doivent ralentir leur métabolisme pour ne pas mourir de sécheresse et de chaleur. Bien que brunes ou jaunes, elles ne sont pas mortes, mais bien dans un état de dormance temporaire. En théorie, la pelouse peut survivre de quatre à six semaines en état de dormance durant les périodes sèches de l'été. Toutefois, des problèmes risquent d'apparaître si la canicule est particulièrement forte et qu'elle est accompagnée de vents forts. S'il est permis d'arroser (attention aux interdictions complètes), on le fait en profondeur.

On doit ménager une pelouse qui est en état de dormance. Il faut donc éviter de trop la piétiner, cesser de la tondre et, surtout, ne pas forcer sa croissance en y ajoutant de l'engrais. Par contre, un ou plusieurs traitements au thé de compost ou aux extraits d'algues sous forme liquide peuvent donner le petit coup de pouce nécessaire pour que la pelouse tolère mieux la situation. Cette pratique aide aussi à ce qu'elle se remette rapidement en état lorsque les pluies ou des températures plus fraîches sont de retour, ou encore que les interdictions d'arrosage sont levées.

Il faut absolument éviter de tondre pendant les canicules.

Plus le gazon est coupé court, plus il entre en dormance rapidement.

IDENTIFIER LA BONNE CAUSE

Si la pelouse ne jaunit que par zones ou par plaques, il faut vérifier qu'il n'y a pas de problème d'insectes ravageurs ou de maladies. Si c'est le cas, on fait un dépistage régulièrement (voir le chapitre *Combattre les insectes ravageurs et les maladies*) et on remédie à la situation si nécessaire.

Pour une belle pelouse sans pesticide

Ce qu'il faut faire pour éviter la dormance et avoir une pelouse jaune et sèche :

- *pratiquer l'herbicyclage ;*
- *ajouter régulièrement du compost au sol ;*
- *ne pas arroser tôt au printemps ;*
- *arroser peu souvent, mais en profondeur ;*
- *ne pas fertiliser tôt au printemps et en été avec un engrais à haute teneur d'azote ;*
- *tondre à plus de 7 cm (2" ¾) du printemps à l'automne ;*
- *ne pas scalper la pelouse lorsqu'on part en vacances ;*
- *ne pas couper la pelouse de plus du tiers de sa hauteur lorsqu'on revient de vacances ;*
- *passer la tondeuse lorsqu'il fait frais ;*
- *affûter la lame de la tondeuse régulièrement.*

La tonte et l'herbicyclage

Cela peut sembler étrange, mais une tonte bien faite et l'herbicyclage sont deux excellents moyens d'améliorer l'état de la santé d'une pelouse et de contrôler les adventices de façon naturelle.

C'est pourquoi il est recommandé de ne jamais tondre la pelouse à moins de 7,5 cm (3") de hauteur (sauf la dernière tonte avant l'hiver qui doit être de 5 cm [2"]), de ne jamais couper plus du tiers à la fois et de laisser le gazon coupé au sol.

Ces quelques gestes contribuent à rendre la pelouse plus forte et les racines plus profondes. Cela se traduit par moins d'arrosage, une meilleure résistance à l'invasion

Il faut garder la hauteur de tonte à plus de 7,5 cm (3") durant tout l'été.

des adventices et des insectes ravageurs. De plus, on économise ainsi temps, argent et… beaucoup d'essence.

La tonte et la santé du gazon

Pour comprendre comment la longueur de tonte influe sur la santé du gazon, il faut faire un peu de biologie végétale. Comme chez toutes autres plantes, les feuilles des graminées captent le soleil et du dioxyde de carbone (CO_2) qui, combinés à de l'eau (captée par les racines), produisent des sucres et des hydrates de carbone. C'est ce que l'on appelle la photosynthèse. Ces composantes sont ensuite emmagasinées pour être transformées en énergie lors du processus de respiration. Cette énergie est utilisée pour la croissance et la récupération du gazon à la suite de stress. Curieusement, ces hydrates de carbone et ces sucres sont en grande partie relâchés à la surface des racines pour attirer et nourrir les microorganismes bénéfiques du sol qui facilitent l'assimilation des éléments nutritifs par la plante.

Photosynthèse

CO_2 + H_2O + énergie du soleil = production d'oxygène + production de nourriture.

Donc, si le gazon est coupé trop court, voire scalpé, la surface des feuilles est diminuée et le processus de photosynthèse réduit. Moins de photosynthèse entraîne moins de production de nourriture, ce qui génère moins d'énergie, ce qui a pour effet un affaiblissement de la croissance des graminées. Il y a alors augmentation de la susceptibilité aux maladies et aux insectes ravageurs, ainsi qu'une incapacité de se remettre de tous ces stress.

Garder le gazon long évite bien des problèmes de santé au gazon.

Le meilleur herbicide

Non seulement des feuilles de graminées plus longues créent de l'ombre et conservent l'eau dans le sol, mais en plus, elles empêchent les graines d'adventices de germer. Le gazon coupé haut étouffe les mauvaises herbes présentes.

Le choix d'une tondeuse

Tondeuses à moteur

Les tondeuses à essence à moteur deux temps sont encore populaires dans les banlieues nord-américaines. Toutefois, il existe toute une panoplie de nouveaux modèles sur le marché. S'il existe encore quelques rares modèles à moteur deux temps, ce sont les modèles à quatre temps qui sont maintenant proposés aux consommateurs. Un peu moins polluants, ils sont aussi un peu moins bruyants. Malheureusement, ils contribuent encore aux ronflants concerts de tondeuses du dimanche matin. Il existe des modèles à propulsion manuelle, à propulsion assistée ou autoportée. La tondeuse à essence est le premier choix des propriétaires de grands terrains. Cependant, tous n'ont peut-être pas besoin de ces modèles assourdissants et polluants.

Tondeuse hélicoïdale électrique

Bien que moins polluantes et plus silencieuses, les anciennes tondeuses électriques avaient comme défaut un long fil électrique dans lequel on s'emmêlait. C'est ce qui a convaincu plusieurs jardiniers d'abandonner ce type de tondeuse. Heureusement grâce à de nouvelles technologies, il existe aujourd'hui des tondeuses électriques rechargeables. Un peu plus chères à l'achat et un peu plus lourdes que celles à fil, ces tondeuses font partie des choix intéressants pour les pelouses de taille moyenne. Il en existe même des modèles électriques à lame hélicoïdale.

Tondeuse hélicoïdale manuelle

Boudée depuis une vingtaine d'années, la tondeuse manuelle ou hélicoïdale reprend du service. Elle revient à la mode, notamment chez les gens sensibles aux préoccupations environnementales et de santé. Ces tondeuses manuelles «nouveau genre» sont maintenant moins lourdes et plus performantes. Elles offrent aussi la possibilité de tontes hautes, ce qui n'était pas le cas il y a quelques années. Elles sont tout à fait adaptées aux terrains de petite à moyenne superficie. Elles sont très pratiques pour tondre les surfaces difficilement accessibles à la tondeuse classique. De plus, elles permettent de tondre tout en faisant de l'exercice et en écoutant les oiseaux gazouiller.

DE LA HAUTE TECHNOLOGIE
La tondeuse robotique, tout à fait silencieuse, s'occupe de tondre et d'herbicycler sans qu'on ait à se lever de sa chaise. Toutefois, son prix frôle encore les 2 000 $!

TONDEUSE « SALE » CONTRE TONDEUSE « PROPRE »
Pour encourager les gens à se débarrasser de leurs anciennes tondeuses à essence très polluantes, des fondations se sont alliées à des quincailliers pour offrir un programme de reprise. Toute personne qui apporte son ancienne tondeuse à essence reçoit un rabais applicable à l'achat d'une nouvelle tondeuse électrique ou mécanique plus propre.

Questions à se poser avant d'acheter une nouvelle tondeuse

- *Quelle est la taille de la pelouse ?*
- *Y a-t-il des pentes, des talus ?*
- *Y a-t-il beaucoup d'obstacles (arbres, plates-bandes, etc.) ?*
- *La pelouse est-elle dense, contient-elle beaucoup de trèfle et de plantes à larges feuilles ?*
- *Le bruit, pour soi et pour tout le voisinage, est-il une préoccupation ?*
- *La pollution et les gaz à effet de serre sont-ils une inquiétude ?*
- *La sécurité de l'utilisateur (particulièrement si c'est une personne jeune) rentre-t-elle en ligne de compte ?*
- *Quel est le budget ? Bien sûr il faut considérer l'achat de la tondeuse, mais aussi les coûts en carburant, en réparations et en entretien.*

À l'aide de ces réponses, il est plus facile de faire le bon choix.

Une bonne tondeuse devrait avoir les caractéristiques suivantes :

- la hauteur de tonte est modifiable et peut être ajustée à plus de 7,5 cm (3") ;
- le panier, ou le sac, conçu pour ramasser le gazon coupé, peut être retiré sans qu'on ait à acheter d'accessoires supplémentaires pour permettre son utilisation ;
- idéalement, la tondeuse doit être munie d'une lame déchiqueteuse et conçue pour broyer les rognures de gazon en de fines particules ;
- si on a plusieurs arbres sur la propriété, la lame déchiqueteuse est suffisamment puissante pour broyer les feuilles qui tombent des arbres à l'automne ;
- la conception de la tondeuse hélicoïdale permet à la lame de s'autoaiguiser ;
- les pièces de remplacement sont vendues localement.

Le gazon coupé se dégrade en quelques jours.

L'herbicyclage

L'herbicyclage, ou l'herbicompostage comme certains l'appellent, est l'action de laisser le gazon coupé à la surface du sol pour qu'il se décompose sur place. Comme ces « résidus » de tonte s'altèrent rapidement, cette pratique contribue à récupérer l'azote et l'eau présents dans les feuilles du gazon.

Les avantages à l'herbicyclage sont si nombreux qu'il n'y a aucune raison de ne pas le faire. En voici quelques-uns :

- stimulation de l'activité biologique et de la fertilité naturelle. Le gazon pousse mieux, verdit plus vite au printemps et reste vert jusque tard en automne ;
- diminution des prédateurs. La pelouse où l'on recycle le gazon coupé est moins infestée d'adventices et de maladies ;
- économie de temps. Cette pratique réduit de 38 % le temps consacré à la pelouse dans une année. Cela équivaut à une journée de congé pendant l'été ;
- économie d'argent. Comme entre 25 et 50 % des besoins en engrais (dont l'azote) sont comblés par ce recyclage des résidus organiques, on a moins d'engrais à acheter ;
- réduction de la pollution. Le gazon coupé envoyé dans les dépotoirs représentant 30 % et plus du volume des déchets recueillis lors de la collecte des ordures, en le recyclant on réduit l'engorgement dans les sites d'enfouissements. Les lixiviats, ou jus de poubelle, produits lors de la décomposition ne contaminent pas les cours d'eau et la nappe phréatique. Il y a diminution de l'utilisation des sacs de plastique ;
- réduction des émissions de gaz à effet de serre. L'enfouissement du gazon coupé et des feuilles mortes génère du méthane alors que l'herbicyclage n'émet pas de tels gaz. En ne transportant pas le gazon coupé jusqu'au dépotoir on réduit aussi les émissions de GES produits par les camions.

UNE RÉDUCTION SIGNIFICATIVE

L'herbicyclage permet de réduire de 25 à 50 % les quantités d'engrais (surtout d'azote) appliquées sur une pelouse. Des études ont montré que les rognures de gazon générées dans une saison pouvaient contenir 1,3 à 2,4 kg (3 à 5,2 lb) de N ; 0,2 à 0,8 kg (0,4 à 1,8 lb) de P et 1,0 à 2,2 kg (2,2 à 4,8 lb) de K par 100 m² (1 100 pi²). Pratiquer l'herbicyclage permet en fait de réduire la fertilisation en azote de 1 kg/100 m² (2 lb/1 000 pi²).

Le gazon coupé est une des meilleures nourritures… pour le gazon.

Des quantités non négligeables

Selon une étude faite en 2006 par la MRC Roussillon, une pelouse de 279 m² (3 000 pi²) peut générer 263 kg (580 lb) de rognures de gazon annuellement. Plus on fertilise et on arrose, plus on stimule la croissance du gazon et la production de rognures de gazon. Dans ce cas, la quantité totale de rognures de gazon peut atteindre de 408 à 680 kg (900 à 1 500 lb) par saison.

Jeter le gazon coupé aux rebuts est une aberration économique et écologique.

Si vous ne pouvez pas pratiquer l'herbicyclage, ce qui serait étonnant, ne jetez le gazon coupé aux ordures. C'est une aberration écologique, agronomique et économique. Alors…

- compostez-le en le mélangeant à des résidus contenant du carbone ;
- servez-vous-en comme paillis dans le potager, sous les arbres et dans les plates-bandes ;
- enfouissez-le dans le potager ou sous les paillis organiques des plates-bandes ou des arbres.

Les bonnes pratiques de tonte

- *Tondre la pelouse à une hauteur de 7,5 à 8 cm (± 3").*
- *Tondre la pelouse lorsqu'elle est sèche.*
- *Ne jamais couper plus du ⅓ de la hauteur à chaque tonte.*
- *Garder la lame de la tondeuse bien affûtée.*
- *Laisser le gazon coupé au sol.*

L'aération

Cette technique a pour objectif de rendre une certaine friabilité au sol et de permettre une meilleure pénétration des racines, de l'eau et de l'air. Elle facilite aussi la lutte contre certaines adventices.

La compaction

La compaction est un des pires ennemis de la pelouse. Un sol normal, de bonne qualité, est constitué de 45 % de minéraux et de 5 % de matières organiques, mais aussi de cavités qui permettent que s'y logent de l'eau et de l'air. Ces cavités représentent en proportion environ 50 % du sol et sont divisées presque également entre l'air (25 %) et l'eau (25 %). Dans un tel sol, les plantes croissent bien, les

Pour déceler si un sol est compact, on peut tenter d'y enfoncer un crayon ou une tige de métal. S'il résiste, le sol est compact.

racines s'y plaisent, car elles poussent dans un environnement aérobique (qui contient de l'oxygène) où les macropores permettent aux racines de pénétrer en profondeur. L'eau s'infiltre en profondeur et se draine bien. La biologie du sol se porte bien et les microorganismes bénéfiques du sol prolifèrent.

Par contre, lorsqu'un sol est régulièrement piétiné, ou qu'on a pris l'habitude de circuler sur le gazon lorsqu'il est mouillé, il subit ce qu'on appelle de la compaction. Dans un sol compact, le pourcentage d'espace rempli par l'eau diminue et celui occupé par l'air est réduit jusqu'à devenir nul.

C'est à ce moment qu'il faut entreprendre des travaux d'aération.

Repousser certaines mauvaises herbes

La plupart des végétaux, incluant les graminées à gazon, poussent difficilement dans les sols compactés. Cependant, certaines plantes considérées comme des mauvaises herbes dans une pelouse s'y plaisent. C'est le cas du plantain et de la renouée des oiseaux. La présence de ces plantes, on les appelle alors des plantes indicatrices, indique que le sol est compacté. On a beau utiliser tous les herbicides que l'on veut, si on agit sur les symptômes plutôt que sur la cause, la bataille risque d'être longue… et mener à un échec.

Le plantain et plusieurs autres adventices sont tolérants à la compaction.

Par contre, si on aère le sol, les graminées sont plus « fortes », les mauvaises herbes ne trouvent plus le biotope qu'elles souhaitent pour croître… et disparaissent.

Les bienfaits de l'aération d'un sol compact

Il en existe plusieurs. En fait, l'aération :

- permet à l'eau de mieux pénétrer dans le sol ;
- réduit le ruissellement en surface et les pertes d'engrais suivant la fertilisation ;
- facilite une meilleure oxygénation des racines, ce qui se traduit par la stimulation de leur croissance (en longueur et en quantité) ;
- rend plus aisée l'absorption des éléments nutritifs présents dans le sol et, par conséquent, assure une meilleure utilisation des engrais ;

CERTAINS SOLS PLUS QUE D'AUTRES

Les sols argileux et limoneux sont plus aptes à la compaction. Toutefois, les sols sablonneux (mais à un degré moindre) peuvent aussi souffrir de ce problème.

- permet une meilleure croissance des graminées, notamment à proximité des trous d'aération ;
- rend plus facile l'absorption de l'eau ;
- facilite l'évacuation des gaz présents dans le sol (CO_2) ;
- assure une meilleure décomposition du chaume ;
- permet aux substrats (compost, sable, etc.) utilisés pour le terreautage de pénétrer dans le sol autour des racines ;
- augmente le taux de réussite des sursemis.

Comment procéder ?

L'aérateur mécanique, que l'on peut louer, est l'équipement le plus efficace pour procéder à l'aération de la pelouse.

Le travail d'aération, ou carottage, se fait à l'aide d'un aérateur mécanique muni de « cuillères » à ressort qui extraient des petites carottes de terre. On sillonne la pelouse et on aère le sol en le criblant de trous. On peut louer un aérateur mécanique dans la plupart des quincailleries et boutiques de location d'outils, ou on peut embaucher un professionnel pour le faire. Attention, cette machine est lourde et autopropulsée, elle est donc difficile à manipuler particulièrement sur une petite surface ou sur une propriété où il y a beaucoup d'obstacles (plates-bandes, trottoirs, etc.). Il faut donc être prudent.

Lors de ce travail, quelques précautions doivent être prises. L'aération doit se faire quand le sol est bien drainé, mais toujours un peu humide. Sur un sol mouillé, l'aération ne fait qu'exacerber le problème de compaction. Si le sol est trop sec, les tiges métalliques n'arrivent pas à pénétrer assez profondément et les carottes ont l'aspect du béton et prennent un temps fou à se dégrader.

On aère au printemps ou à l'automne, quand l'herbe est dans une phase de croissance active. Toutefois, le moment idéal est l'automne, car la pression (floraison) des adventices est moins forte. Cela dit, on peut très bien faire l'aération à la fin du printemps (en respectant les mêmes consignes), avant que le sol ne soit trop sec.

Au moment de passer la machine, on s'assure de faire beaucoup de trous. Il faut faire un premier passage dans un sens, puis un deuxième, perpendiculaire au premier. Il ne faut pas s'inquiéter si la pelouse passe du vert au brun (à cause de la présence des carottes). Les carottes de terre se

Après le passage de l'aérateur, il faut laisser les carottes se dégrader sur le sol.

dégradent d'elles-mêmes après quelques pluies et le passage de la tondeuse.

Quand on confie la tâche à un entrepreneur, il faut vérifier qu'on paye pour deux passages (un dans chaque direction) et qu'il n'y a pas plus que 7 à 10 cm (3 à 4") de distance entre les trous.

Pour être efficace et profiter des conditions propices, on peut procéder à l'aération avant de terreauter, de faire un sursemis et une fertilisation.

De mauvaises techniques

Les sandales cloutées ou les rouleaux cloutés ne sont pas de bonnes solutions. Au contraire, les clous ou les tiges de métal, lorsqu'ils sont enfoncés dans le sol, causent une compaction latérale (sur les côtés). Il faut donc les éviter!

À quelle fréquence?

Encore une fois, plusieurs facteurs rentrent en ligne de compte. Il n'y a pas de recette universelle.

Une pelouse très utilisée, beaux temps mauvais temps, sur un sol lourd et argileux, devrait être aérée chaque année (avec ajout de compost et de chaux si nécessaire). Une pelouse très utilisée, beau temps mauvais temps, sur un sol sablonneux devrait être aérée tous les deux ou trois ans, pour ne pas trop stimuler l'activité biologique qui «brûlerait» (accélérerait la décomposition) le peu de matières organiques présentes dans ce type de sol. Par contre, si la pelouse a un problème important de chaume, on opte pour une à deux aérations annuelles jusqu'à ce que le problème soit résolu (voir la section *Le chaume* dans le présent chapitre).

En fait, l'aération n'est pas la solution à tous les maux. Dans certaines situations, elle peut même causer plus de tort que de bien. En dernier lieu, il faut noter que l'aération est rarement nécessaire chez les pelouses en santé qui ne subissent pas de piétinement excessif.

Le chaume

Comme il a été décrit dans le chapitre *Le gazon grand prestige et les pelouses industrielles*, la présence de chaume est due à :

- un pH inadéquat (trop acide ou alcalin) ;
- des engrais à teneur élevée en azote qui stimulent une croissance excessive du gazon ;
- des applications fréquentes de pesticides, tout particulièrement les fongicides et les herbicides ;
- des terreautages avec de la tourbe de sphaigne (*peat moss*) ;
- des excès d'eau (mauvais drainage ou irrigation excessive) qui réduisent l'activité des microorganismes décomposeurs ;
- le compactage du sol qui inhibe l'activité microbienne ;
- l'enlèvement systématique du gazon coupé, source de nourriture pour les microorganismes décomposeurs.

Une accumulation importante de chaume est due à de mauvaises pratiques de gestion.

Il faut aussi noter que la présence de chaume est plus importante chez certaines graminées alors qu'elle l'est moins pour d'autres. En effet, celles qui se reproduisent par stolons et rhizomes produisent plus de chaume. Par contre, celles qui poussent en talles (touffes) en émettent moins.

Propension à la formation de chaume pour certaines espèces de gazon

- *Moyenne à élevée : pâturin du Kentucky, fétuque rouge gazonnante et agrostide stolonifère*
- *Moyenne : fétuque Durette*
- *Faible à moyenne : fétuque traçante*
- *Faible à inexistante : fétuque élevée et fétuque fine*
- *Inexistante : ray-grass vivace*

Les principes de base pour réduire la présence de chaume sont les suivants :

1) faire le bilan de pratiques d'entretien et éliminer celles qui sont responsables de la situation ;

2) réduire l'épaisseur de chaume;

3) augmenter les populations d'organismes décomposeurs;

4) stimuler l'activité biologique du sol.

L'utilisation d'engrais de synthèse est à proscrire puisque c'est en grande partie à cause de ces produits que le chaume se forme.

Une analyse de sol pour vérifier le pH, la disponibilité des éléments nutritifs, le pourcentage de matières organiques, etc., permet de prendre de meilleures décisions.

Éliminer les mauvaises pratiques d'entretien

Rien ne sert d'entreprendre des actions pour faire disparaître le chaume si on n'en élimine pas les causes. On doit donc, tout d'abord:

- sevrer la pelouse des produits de synthèse (pesticides, engrais, etc.);
- troquer les engrais de synthèse pour des engrais naturels et du compost;
- fertiliser en fractionnant la quantité totale d'engrais et en l'appliquant à deux ou trois reprises pendant la saison;
- ne jamais couper plus du tiers de la pelouse;
- arrêter de ramasser les rognures et pratiquer l'herbicyclage;
- sur les pelouses bien établies, arroser peu souvent, mais en profondeur.

Avec les râteaux à déchaumer, il faut faire attention de ne pas arracher le gazon.

Réduire l'épaisseur de chaume

Si l'épaisseur de la couche de chaume est importante, on pratique le déchaumage ou tonte verticale. Cette méthode consiste à réduire la quantité de chaume en la soulevant et en la ramenant à la surface par le biais de lames perpendiculaires au sol. Ensuite le chaume est récupéré et composté.

Puisque cette technique agressive peut causer des dommages importants au gazon établi, il faut s'assurer qu'elle est faite dans les règles de l'art. C'est pourquoi on la conserve pour les cas extrêmes. Dans certains cas, il est nécessaire d'effectuer des passages répétitifs dans plusieurs sens. La prudence est donc de mise.

L'aération permet de stimuler la vie microbienne du sol et accélérer la dégradation du chaume.

Le travail peut se faire au printemps ou à l'automne. Il faut s'assurer que le gazon ait au moins un mois pour récupérer des stress dus aux chaleurs de l'été ou procéder avant l'hiver.

Une fois le travail réalisé, un sursemis devrait être fait pour combler les espaces créés par le passage de la déchaumeuse. On applique une fine couche de compost de qualité. Finalement, deux à trois fois pendant la saison, on applique du thé de compost à la grandeur de la pelouse.

Si on élimine les mauvaises pratiques d'entretien et qu'on stimule l'activité biologique du sol, le déchaumage ne devrait intervenir que très rarement, voire jamais.

Si l'épaisseur de la couche de chaume est modérée, une bonne aération par carottage, suivie de bonnes pratiques d'entretien, devrait éliminer le problème.

L'application de thé de compost, ici par un professionnel, permet de stimuler l'activité biologique du sol.

Après un déchaumage ou un carottage, il est recommandé de procéder à un léger terreautage à l'aide de compost de qualité (sans tourbe de sphaigne) afin de protéger les couronnes et les racines exposées et augmenter les populations de microorganismes responsables de la décomposition du chaume. L'application répétée de compost solide ou liquide (thé de compost) contribue à accélérer le recyclage de cette matière et à augmenter le taux de matières organiques du sol. Une faible dose d'azote contribue aussi à accélérer le processus de dégradation et facilite la reprise du gazon.

Stimuler l'activité biologique du sol

On a comme objectif d'augmenter les populations d'organismes décomposeurs. On doit donc :

- faire des ajouts de compost pour nourrir le sol et stimuler son activité biologique ;
- ajouter du trèfle afin de réduire les apports d'azote ;
- améliorer la structure du sol (compost, chaux, sable, etc.) pour rendre la pelouse plus résistante à la compaction ;
- ajouter de la biodiversité dans le gazon et faire un sursemis avec des espèces et des variétés de gazon moins susceptibles de causer du chaume (voir le chapitre *Bien choisir les plantes pour la pelouse*).

Le terreautage avec du compost est la meilleure technique de fertilisation d'une pelouse sans pesticide.

Le terreautage

Le terreautage consiste à appliquer sur une pelouse une couche de compost d'une épaisseur variable, selon les besoins. Cette pratique permet de régénérer les sols dégradés, compacts et pauvres en matières organiques sans devoir retirer la pelouse et recommencer à neuf. Elle est bénéfique en tous points. En effet, seulement 6 mm (¼") de compost, ou l'équivalent de 0,6 m^3 de compost / 100 m^2 (19 pi^3/1 000 pi^2), peuvent contribuer à augmenter le taux de matières organiques du sol de 1 % dans les premiers centimètres du sol.

Pourquoi le compost?

Il est parfois conseillé d'utiliser de la terre de surface pour pratiquer le terreautage. Toutefois, cette terre peut provenir de différentes sources et, possiblement, contenir des graines ou des racines de mauvaises herbes ou de plantes envahissantes. De plus, elle ne contribue pas à l'ajout de matières organiques dans le sol. Comme la majorité des sols sont carencés en humus, le compost mature de qualité devrait être le seul amendement utilisé pour terreauter la pelouse. Il présente plusieurs avantages :

- il inocule le sol de microorganismes bénéfiques (bactéries, mycorhizes, etc.) ;
- il améliore la structure du sol ;
- il augmente la pénétration et la rétention de l'eau dans le profil ;
- il accroît et stabilise le pH ;
- il favorise la résistance aux maladies des plantes ;
- il dégrade les pesticides et les toxines ;
- il améliore le contrôle de l'érosion ;
- il favorise la résistance à la compaction ;
- il fournit des éléments nutritifs (1-0,5-1) ;
- il augmente le taux de matières organiques du sol.

Pour toutes ces raisons, le terreautage au compost est recommandé. Il est aussi très utile pour passer d'une pelouse industrielle à une pelouse sans pesticide.

On répand uniformément le compost en utilisant un balai à feuilles.

SOYEZ VIGILANT!
Certaines entreprises commerciales offrent le service de terreautage. Si vous envisagez de confier cette tâche à une entreprise, renseignez-vous sur la qualité du compost utilisé et assurez-vous que ce n'est pas de la terre noire qui sera étendue.

Comment procéder?

On peut soit épandre le compost à la volée, soit louer un épandeur conçu à cet effet. Si on le fait à la main, une fois étendu, on peut faire pénétrer le compost entre les brins de gazon en ratissant la pelouse avec un râteau à feuilles retourné.

Pour maximiser l'utilisation du compost, le terreautage devrait être fait à la suite de l'aération de la pelouse, mais ce n'est pas un préalable. Il existe une exception: les sols argileux, où il faut faire précéder d'une aération tout épandage de compost à la surface du sol. Si on pratique un carottage, on recommande généralement d'épandre une couche de compost de 10 à 15 mm d'épaisseur. Sans aération, il faut réduire de 5 à 10 mm l'épaisseur de la couche de compost.

Terreauter avec du sable?

Certains professionnels recommandent de terreauter avec du sable dans un sol argileux afin de «fragmenter» l'argile. Il faut éviter une telle pratique, car elle risque de créer une structure compacte qui s'apparente à du béton. L'amélioration et l'allègement des sols argileux sont possibles seulement lorsque du compost est ajouté et incorporé intimement dans le sol.

Le sursemis

Dans la nature, les graminées indigènes produisent des semences qui contribuent à régénérer leur peuplement et à le garder dense. Dans une pelouse, la tonte régulière empêche certaines graminées d'atteindre un stade de maturité et de produire des graines. Alors, pour rendre une pelouse sans pesticide plus dense, on n'a qu'une seule option, celle qui consiste à effectuer un sursemis à la fin de l'été ou au printemps. Cette technique consiste tout simplement à semer un mélange de graminées sur la pelouse existante. Afin d'éviter les monocultures, on choisit un mélange adapté aux conditions d'ensoleillement et de sol.

Cette pratique permet de maintenir une pelouse dense et empêche les adventices de s'établir.

Le sursemis permet de rendre la pelouse dense.

Une technique fort utile

Le sursemis peut aussi bien servir à maintenir en santé une pelouse sans pesticide, qu'à y ajouter de nouvelles plantes, comme le trèfle, qu'à la transformer en écopelouse (voir le chapitre De la pelouse industrielle… à l'écopelouse*).*

On peut ajouter du trèfle pour économiser sur l'arrosage et la fertilisation.

Un sursemis se réussit de la manière suivante :

- en choisissant la bonne date de semis. Le meilleur temps est le début de l'automne, car les pluies sont plus fréquentes, les températures moins extrêmes et les invasions de mauvaises herbes moins fortes. Il faut semer huit semaines avant la date prévue des premiers gels. On peut aussi ensemencer au printemps, lorsque les dangers de gels importants sont passés. Dans la grande région de Montréal et du sud du Québec, on vise le début à la mi-mai. Toutefois, par la suite, il faut bien surveiller les arrosages ;
- en sélectionnant le mélange de semences adaptées aux conditions environnementales du site (ensoleillement, type de sol, disponibilité en eau) et adaptées à l'utilisation que l'on en fait. Pour arrêter son choix sur le bon mélange consulter le chapitre *Bien choisir les plantes pour la pelouse* ;
- en tondant (scalpant) la pelouse à une hauteur de 3 à 4 cm (1 ⅛ à 1" ½) et en ramassant le gazon coupé. Il s'agit ici d'une exception ;
- en calculant une quantité de semences similaires à celle recommandée pour l'ensemencement d'une pelouse. Il ne faut pas lésiner sur les quantités, sinon on obtient des résultats mitigés ;
- en répandant, à la main ou à l'aide d'un épandeur rotatif, les semences à gazon ;
- en ratissant afin de s'assurer que les graines tombent près du sol ;
- en vaporisant au sol du thé de compost oxygéné ou des extraits d'algues sous forme liquide (voir le chapitre *Choisir le bon fertilisant*) ;
- en roulant la pelouse avec un rouleau à gazon rempli d'eau au tiers. Cette technique permet d'augmenter le contact entre le sol et les semences et d'éliminer les pochettes d'air qui pourraient compromettre la germination ;
- en gardant la pelouse humide par des arrosages de fines gouttelettes, quelques minutes, deux à trois fois par jour. Lors de journées chaudes, on doit augmenter la

Lors du sursemis on peut utiliser un épandeur rotatif pour distribuer les semences à gazon.

fréquence. Il faut s'assurer de ne jamais laisser la terre s'assécher complètement, mais évitez les excès d'eau. On diminue la fréquence de l'arrosage lorsque le gazon pousse, mais on augmente la quantité d'eau afin de mouiller le sol en profondeur;

- en répétant les applications d'extraits d'algues sous forme liquide ou de thé de compost oxygéné à intervalle de deux à trois semaines, jusqu'à ce que le semis soit bien établi;
- en faisant la première tonte lorsque les jeunes pousses atteignent 8 à 10 cm (3 à 4") selon les espèces. Le ray-grass vivace pousse plus vite et doit être tondu rapidement pour permettre aux autres graminées de profiter de la lumière.

Le thé de compost permet au semis de bien s'établir.

Si la pelouse contient majoritairement du pâturin du Kentucky, avant le semis on peut pratiquer une aération et passer la tondeuse pour pulvériser les carottes laissées sur le sol. L'aération favorise le tallage du pâturin. Si la couche de chaume est supérieure à 1,5 cm (½"), on augmente substantiellement la densité des trous. On fait alors au moins deux passages dans les différentes directions (perpendiculaires). Pour accélérer la décomposition du chaume et bien réussir le semis, on pratique cette opération en même temps que le terreautage avec du compost de qualité et on le ratisse pour qu'il comble les trous laissés par le retrait des carottes.

Semis par vasage ou semis en dormance

La technique du vasage consiste à semer sur un sol gelé (ou qui gèle en surface). On peut donc profiter des cycles gel – dégel pour assurer la pénétration de la semence dans le sol tout en tirant parti de l'humidité engendrée par la fonte des neiges. On peut faire un tel sursemis tard à l'automne (novembre – décembre) avant qu'il n'y ait de la neige. On peut aussi le pratiquer tôt au printemps. Le sol doit être exempt de résidus qui pourraient empêcher le contact avec la semence. Seule restriction, il ne doit pas y avoir de risque de lessivage des semences par l'eau.

La fertilisation, les amendements et les biostimulants

Les engrais sont des substances qui servent à augmenter la teneur des éléments nutritifs présents dans le sol, compenser les carences et nourrir les plantes. La fertilisation est l'action de fertiliser. Pour certains, fertiliser c'est nourrir la plante (c'est ce qu'on fait avec la pelouse industrielle) alors que pour d'autres, fertiliser c'est nourrir le sol (ce que l'on fait pour une pelouse sans pesticide ou une écopelouse).

AVIS IMPORTANT
Avant d'aller plus loin, j'aimerais préciser que toutes les recommandations qui suivent sont d'ordre général et qu'elles doivent être prises avec discernement. Aussi, pour éviter de le répéter, je tiens pour acquis que le lecteur a compris qu'il est fondamental de laisser le gazon coupé au sol.

MISE EN GARDE
Attention, certains commerces offrent des analyses très partielles et peu précises. Dans certains cas, les tests maison peuvent donner une meilleure idée de la qualité du sol.

Toutefois, avant même de se demander comment fertiliser, il faut se demander si on doit fertiliser.

Définir ses besoins en fertilisation

Pour déterminer si on a besoin de fertiliser et d'amender un sol, ou peut procéder à une analyse maison qui permet d'obtenir de l'information rapide et peu coûteuse. Cette analyse est faite à partir des plantes indicatrices présentes dans la pelouse et des tests utilisés pour définir les qualités de la terre nécessaire à l'implantation d'une pelouse sans pesticide.

Qualité du gazon

Il faut commencer par observer le gazon. S'il est vert pâle, clairsemé, sans vigueur, il a probablement besoin d'engrais ou d'amendements.

S'il est d'un beau vert, dense, vigoureux sans excès et qu'il pousse régulièrement, il faut vraiment s'interroger sur la nécessité de fournir de l'engrais.

S'il est vert foncé et que sa croissance est rapide, les apports d'engrais riches en azote sont peut-être trop élevés. Attention, les excès d'azote sont reconnus comme étant des facteurs contribuant aux infestations d'insectes ravageurs comme les punaises velues.

Test de la pelle

Si la structure est compacte et que le sol est argileux, il faut épandre de la chaux et terreauter avec du compost et du thé de compost. Si la structure est particulaire, il est important d'ajouter du compost, de la chaux et des engrais naturels.

Test du pot et test du toucher

Si la texture est sablonneuse, il y a de bonnes chances que la pelouse ait besoin d'engrais.

Test de pH avec les languettes de couleur

Ce test est imprécis, mais en combinaison avec l'analyse des plantes indicatrices on a une bonne idée de l'état du sol. Les interventions se font selon le niveau de pH constaté.

Il existe sur le marché une grande variété de fertilisants.

La rouille indique une carence en azote.

Plantes indicatrices et symptômes de maladies

L'observation de symptômes de maladies, des « mauvaises herbes » et des adventices qui poussent dans le gazon donne une bonne idée de la condition du sol (pH, compaction, drainage, etc.). Voir les chapitres *« Mauvaises herbes », adventices ou plantes indicatrices?* et *Combattre les insectes ravageurs et les maladies.*

Présence de vers de terre

Si les vers de terre sont abondants, c'est bon signe. Par contre, s'ils sont absents, c'est que la vie microbienne du sol est défaillante. Il faut d'abord éliminer les engrais de synthèse, ajouter du compost, pratiquer l'herbicyclage et faire l'ajout d'engrais 100 % naturels.

Présence de trèfle

Sa présence permet de réduire l'apport d'azote de près de 50 %.

Pratique d'herbicyclage

Une telle pratique permet de réduire les apports d'azote (et certains autres éléments) de 30 à 50 %.

La présence de vers de terre est un bon indicateur de la qualité du sol

Il est aussi possible de faire procéder à une analyse de sol dans un laboratoire spécialisé. Dans ce cas, les résultats sont plus précis. On obtient des informations sur l'état du sol, son pH, son taux de matières organiques et sa fertilité. Il est important qu'elle indique en plus les niveaux de calcium, de soufre et de magnésium. Ce type d'analyse permet de déceler l'existence de carences importantes (matières organiques, calcium, phosphore, etc.) ou de surplus.

Avant de faire réaliser une analyse de sol, on doit s'assurer qu'on pourra recevoir des recommandations établies pour des produits naturels plutôt que pour des engrais de synthèse. Les résultats d'une analyse de sol en laboratoire pouvant être complexes à analyser, à moins d'avoir un diplôme en agronomie, il faut se fier aux recommandations proposées.

UN CERCLE TRÈS VICIEUX

Plus on fertilise, plus le gazon pousse ; plus le gazon pousse, plus on travaille à le tondre. Plus on tond, plus l'on génère des gaz à effet de serre.

Avec quel produit fertiliser?

Une fois que l'on a établi qu'il fallait fertiliser, il faut choisir les engrais appropriés. Ceux-ci sont vendus sous différentes formes. On trouve sur le marché:

- engrais de synthèse ou chimiques: il s'agit d'engrais obtenus par un procédé industriel. Vendus sous forme granulaire ou liquide, ils sont solubles, c'est-à-dire qu'ils se disolvent ou se désagrègent pour être mis à la disposition de la plante (ils ne nourrissent pas le sol). Ils peuvent être à effet rapide ou à dégagement lent;
- engrais à base organique: ces produits sont composés de substances organiques (végétal ou animal), mais ils peuvent contenir jusqu'à 85% d'engrais de synthèse;
- engrais 100% naturels: pour porter cette mention, l'engrais doit être constitué à 100% d'ingrédients qui se trouvent dans la nature (minéral, végétal, animal). Ces engrais n'ont subi que des traitements physiques tels le broyage et le séchage;
- engrais organiques: ces produits sont dérivés exclusivement de matières organiques (animal ou végétal) présentes dans la nature;
- biostimulants: ces produits d'origine biologiques favorisent la croissance des plantes.

Les engrais naturels existent sous différentes formes: liquide, granulaire, en poudre mouillable, etc.

NPK

Un engrais vendu sous la formule 5-1-3 est composé de 5% d'azote, 1% de phosphore et 3% de potassium.

Il est reconnu que l'apport de trois nutriments, l'azote (N), le phosphore (P) et le potassium (K), est fondamental pour les plantes. Il en va de même, mais de manière toute particulière pour l'azote, pour les graminées. Cependant, pour que ces éléments soient efficacement utilisés, les plantes, y compris les graminées, ont besoin d'environ 13 éléments nutritifs. Trois proviennent de l'air: le carbone (C), l'hydrogène (H) et l'oxygène (O). Dans le cas des dix autres éléments minéraux, ils sont puisés dans le sol: le calcium (Ca), le magnésium (Mg), le soufre (S) et les oligo-éléments: le fer (Fe), le bore (B), le cuivre (Cu), le chlore (Cl), le manganèse (Mn), le molybdène (Mo) et le zinc (Zn).

En fait, plus le sol sur lequel la pelouse croît est pauvre et donc carencé, plus il faut compenser par des apports d'engrais.

IMPACTS DE L'UTILISATION DES ENGRAIS DE SYNTHÈSE

- Disparition de la vie biologique du sol.
- Acidification du sol.
- Destruction plus rapide de l'humus.
- Désorganisation de la structure du sol.
- Augmentation du taux de salinité du sol.
- Accroissement des risques de maladies et d'infestations d'insectes ravageurs.
- Production de chaume.
- Pollution des nappes phréatiques et des cours d'eau.
- Prolifération des algues bleues.
- Production de gaz à effet de serre.
- Acidification des pluies.

Une spirale sans fin

Si l'on veut réussir à maintenir une pelouse en santé et ne pas avoir à utiliser des pesticides, il faut refuser les programmes d'entretien de pelouse qui proposent quatre fertilisations annuelles avec des engrais de synthèse ou des engrais à base organique. En effet, l'utilisation d'engrais de synthèse crée un cercle vicieux… Plus on les utilise, plus la biologie du sol est détruite et plus on doit compenser cette perte par d'autres engrais.

Les engrais de synthèse sont des sels, conçus pour se dissoudre (comme le sel de table), afin d'être absorbés par les racines des plantes, tout en contournant la dynamique biologique du sol. Ces sels détruisent non seulement les microorganismes responsables de la fertilité et de la structure du sol, mais chassent aussi les vers de terre qui jouent un rôle fondamental dans la santé et la fertilité du sol. Par conséquent, si on fertilise avec des engrais de synthèse et qu'en plus on ensache le gazon coupé, on est seul à faire le travail que des milliards de microorganismes et de vers de terre accomplissent tout naturellement. Sans toute cette communauté biologique, la pelouse n'est plus capable de se protéger contre les organismes pathogènes qui causent des maladies. Ces engrais peuvent être comparés aux aliments *Fast-food*, qui coupent la faim momentanément.

Si, au contraire, on nourrit le sol et les microorganismes avec des engrais naturels, des amendements minéraux et organiques qui se dégradent et se minéralisent lentement, on a la formule gagnante pour un sol en santé.

Cela dit, les engrais de synthèse peuvent rendre de fiers services en agriculture ou dans la culture des végétaux pour la production commerciale. On doit les considérer comme des médicaments, à prendre en cas d'urgence pour compenser des carences pouvant menacer la récolte.

En de rares occasions, un engrais de synthèse a sa place dans la gestion d'une pelouse, mais il faut se rappeler que c'est un médicament. Évidemment, personne n'aurait l'idée de se nourrir de médicaments !

Les engrais naturels

Les engrais naturels sont fabriqués d'ingrédients d'origine minérale, végétale et animale.

Ce sont eux qui nourrissent le sol, les plantes et assurent une pérennité de l'écosystème qu'est la pelouse.

Il existe aujourd'hui sur le marché tout une panoplie d'engrais 100 % naturels et organiques (voir le chapitre *Choisir le bon fertilisant*). Cependant, contrairement aux engrais de synthèse, ils ne peuvent remplacer une bonne qualité de sol et des pratiques culturales adéquates.

C'est pourquoi les engrais 100 % naturels et les engrais organiques doivent être utilisés en association avec les apports de matières organiques (rognures de gazon, compost, thé de compost, biostimulants, etc.) et des amendements minéraux comme la chaux.

Quand fertiliser ?

Puisque les graminées de climat froid poussent rapidement lorsque les températures oscillent entre 16 et 24 °C, c'est donc au printemps et à l'automne qu'il faut fertiliser.

Si on choisit de ne fertiliser qu'une fois par année, le début de l'automne est le moment idéal pour le faire. À cette période de l'année, les racines transforment les éléments nutritifs en hydrates de carbone (sucres, protéines, etc.) qui sont utilisés le printemps suivant. Le gazon verdit plus tôt en saison et cette réserve continue à fournir de la nourriture aux plants pendant une partie de l'été qui suit.

Les engrais naturels doivent être appliqués de la manière suivante :

- si on fertilise une seule fois par année, il faut le faire autour de la fête du Travail ;
- si on fertilise deux fois par an, il faut le faire autour de la fête des Patriotes et de la fête du Travail ;

Si on ne fertilise qu'une seule fois par année, l'automne est le moment idéal.

- si on fertilise trois fois l'an, la première fertilisation est faite autour de la fête des Patriotes, la seconde autour de la fête du Travail et la dernière autour de l'Halloween (ou au moment où les flaques d'eau commencent à geler la nuit) ;
- si la fertilisation est fragmentée, il faut prendre soin de diviser la quantité d'engrais totale prévue annuellement par la fréquence d'application ;
- on ne doit jamais fertiliser pendant les mois d'été et surtout pas si le gazon est en dormance. Toutefois, pendant l'été on peut troquer les engrais pour des biostimulants comme le thé de compost et les extraits d'algues sous forme liquide, qui soutiennent la végétation pendant les périodes de stress.

Quelle quantité utiliser ?

Si on se penche sur le cas de l'azote, le fameux N de la formule NPK, on constate rapidement que les besoins varient selon le type de plantes, les espèces de graminées et leurs cultivars. Par exemple, après l'agrostide, le pâturin du Kentucky est la plus exigeante des graminées. Selon que les semences sont issues de l'espèce ou de cultivars, cette graminée peut commander jusqu'à 3 kg/100 m^2 (6 lb/1 000 pi^2) d'azote la première année suivant l'établissement et entre 1 et 2 kg/100 m^2/an (2 à 4 lb/1 000 pi^2/an) d'azote les années subséquentes.

Pour la plupart des pelouses à entretien moyen (pâturin du Kentucky, fétuques, ray-grass vivace), il faut fournir de 1 à 1,5 kg/100 m^2/an (2 à 3 lb/1 000 pi^2/an), si on ne tient pas compte d'apports gratuits dont on bénéficie quand on pratique certaines méthodes culturales.

Des sources d'engrais gratuites

La présence de 5 % de trèfle dans un gazon fournit entre 0,5 et 1,5 kg d'azote/100 m^2/an (1 à 3 lb/1 000 pi^2/an).

Les rognures de gazon fournissent près de 2,5 kg (5,5 lb) d'azote (N), 0,9 kg (2 lb) de phosphore (P) et 2,3 kg (5 lb) de potassium /100 m^2 (1 100 pi^2)/an.

L'application annuelle de compost peut combler entre 50 et 100 % des besoins en fertilisation d'une pelouse. Le compost est le seul amendement à dégagement lent qui contient tous les éléments nutritifs nécessaires à la pelouse. Si on fait son compost à la maison, il est gratuit.

Une fois décomposées, les feuilles mortes donnent un excellent humus qui contient des oligo-éléments (zinc, etc.).

Calcul de la quantité d'engrais

L'état des lieux : la pelouse, d'une superficie de 300 m² (3 300 pi²), est constituée de graminées à entretien moyen et on y pratique l'herbicyclage.

Lors du calcul de la quantité d'engrais, on doit prendre en compte les autres apports.

Comme les attentes sont élevées, on opte pour le maximum recommandé soit 1,5 kg (3,30 lb) d'azote pour la saison. On tient pour acquis que les rognures de gazon comblent le tiers des besoins (1,5 kg ÷ 3 = 0,5 kg [1,10 lb], donc 1,5 kg de N – 0,5 kg de N = 1 kg de N /100 m² (3,30 lb N – 1,10 lb N = 2,20 lb N/1 100 pi²). Sachant qu'on utilise un engrais naturel ayant pour formule 7-2-4, quelle est la quantité d'engrais dont on a besoin ?

Le calcul est le suivant : 7 % d'azote équivaut à 7 kg de N (15,4 lb) dans 100 kg (220 lb) ou 1,5 kg de N (3,30 lb) par sac de 15 kg (33 lb) (15 x 7 ÷ 100). Si, pour 100 m² (1 110 pi²) il faut 1 kg de N (2,20 lb) (puisque 0,5 lb [1,10 lb] sont apportées par les rognures de gazon), pour 300 m² (3 300 pi²) il faut 3 kg de N (6,6 lb). On doit donc acheter deux sacs de 15 kg (33 lb) d'engrais naturel 7-2-4.

Si on désire faire deux applications, on épand un sac au printemps et un autre à l'automne.

Si on a du trèfle dans la pelouse, ou encore si on fait un terreautage avec du compost, il faut en tenir compte. En effet, un sol amendé de compost, ayant une teneur de 5 % de matières organiques, fournit aux végétaux, grâce aux microorganismes, près de 1 kg d'azote par 100 m² (2 lb/1 000 pi²). Si le sol a une teneur de 3 %, l'azote fourni oscille autour de 0,5 kg par 100 m² (1 lb/1 000 pi²). À 1 % l'apport est négligeable.

UN HERBICIDE AZOTÉ !

Le gluten de maïs est un herbicide naturel (voir le chapitre *« Mauvaises herbes », adventices ou plantes indicatrices ?*). Comme il contient 9 % d'azote (9-0-0), il faut le comptabiliser pour éviter les excès.

Les adventices et les mauvaises herbes

Les monocultures n'existent pas dans la nature. La pelouse parfaite est donc contre nature. Pour empêcher à tout prix que la biodiversité s'installe dans ce « champ » de graminées sélectionnées qu'est la pelouse, il faut être prêt à déployer beaucoup d'énergie, de pesticides (ou de travail manuel) et d'argent.

C'est la biodiversité, et non les monocultures, qui existe dans la nature.

En étant un peu plus tolérant, en acceptant quelques « intruses », en pratiquant les bonnes techniques culturales et en utilisant des méthodes à faible impact, il est possible de contrôler cet irritant.

Pour plus d'information sur les mauvaises herbes, consulter le chapitre *« Mauvaises herbes », adventices ou plantes indicatrices?*

UNE GRANDE TOLÉRANCE
Les études montrent que même les gens les plus exigeants tolèrent bien de 10 à 20 % de « mauvaises herbes » dans leur pelouse.

Les insectes et les maladies

Les monocultures sont vulnérables aux attaques d'insectes ravageurs et de maladies. Pour la pelouse industrielle, on applique des pesticides en prévention, c'est-à-dire avant même que le problème apparaisse et on traite aussi, dès l'apparition des premiers symptômes.

Pour ce qui est des pelouses sans pesticide, plus la diversité biologique est présente, plus il est facile de contrôler ces prédateurs. Toutefois, pour « lutter » efficacement contre les insectes ravageurs et les maladies, il faut développer une approche globale qui s'intéresse aux causes plutôt qu'aux symptômes. Cette approche est décrite dans le chapitre *Combattre les insectes ravageurs et les maladies.*

Un pas de plus

À l'heure actuelle, les pelouses sans pesticide connaissent un engouement sans précédent. Cependant, pour ceux qui veulent aller encore plus loin il existe des pelouses encore plus écologiques. De plus, il s'agit de pelouses à entretien minimal. Et vive la liberté !

Le trèfle est sûrement l'élément le plus représentatif d'une écopelouse.

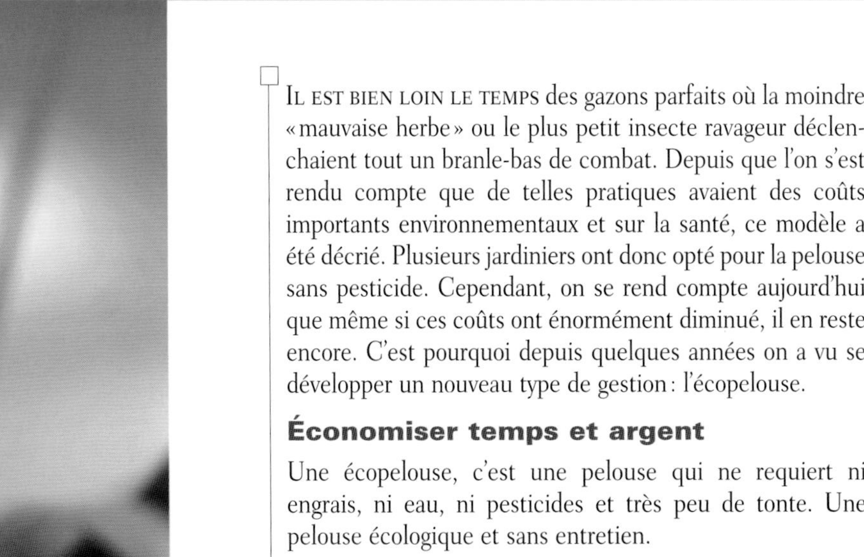

L'écopelouse

Il est bien loin le temps des gazons parfaits où la moindre « mauvaise herbe » ou le plus petit insecte ravageur déclenchaient tout un branle-bas de combat. Depuis que l'on s'est rendu compte que de telles pratiques avaient des coûts importants environnementaux et sur la santé, ce modèle a été décrié. Plusieurs jardiniers ont donc opté pour la pelouse sans pesticide. Cependant, on se rend compte aujourd'hui que même si ces coûts ont énormément diminué, il en reste encore. C'est pourquoi depuis quelques années on a vu se développer un nouveau type de gestion : l'écopelouse.

Économiser temps et argent

Une écopelouse, c'est une pelouse qui ne requiert ni engrais, ni eau, ni pesticides et très peu de tonte. Une pelouse écologique et sans entretien.

Pour y arriver, il n'est pas nécessaire d'être un expert en pédologie, en agronomie, en phytoprotection ou en irrigation. Il suffit de suivre quelques principes de base :

1) **É**valuer les conditions de vie (lumière, sol, etc.) où la pelouse est implantée ;

2) **C**hoisir les espèces qui sont adaptées à ces conditions ;

3) **O**pter pour des pratiques d'entretien qui se rapprochent de celles de la nature.

Facile de s'en souvenir, il s'agit de la stratégie **ÉCO**.

Avec une écopelouse, on peut économiser temps et argent... et en profiter pour se reposer.

RÉFLEXION
Opter pour l'écopelouse, c'est choisir l'être au lieu du paraître.

Avertissement

Choisir l'écopelouse, c'est abandonner le fameux tapis fait à 100 % de pâturin du Kentucky qui est peu adapté à nos conditions climatiques et qui, de plus, est exigeant en azote. Arrêter son choix sur l'écopelouse, c'est donc prendre le parti de faire autrement, d'aller à contre-courant du discours prôné par l'industrie du gazon qui n'a d'intérêt que de vendre, encore et encore, des engrais et des pesticides, qu'ils soient naturels ou à faible impact. Adopter l'écopelouse, c'est faire le choix de la famille, de la santé et de l'environnement, avant les standards et les apparences. Choisir l'écopelouse, c'est laisser de côté le sentiment de culpabilité lié à l'« imperfection » de la pelouse et c'est entrer de plain-pied dans le monde de la biodiversité… et de la liberté.

Une pelouse biodiversifiée

L'écopelouse fait appel à un nouveau concept : la pelouse biodiversifiée.

L'écopelouse, ce n'est pas une nouvelle mode ou un nouveau concept. C'est en fait la pelouse qui avait cours il y a une quarantaine d'années. À l'époque, le gazon était vert, il était parfait pour jouer et pour relaxer. Seules les plantes qui piquaient étaient considérées des mauvaises herbes. Le trèfle et plusieurs autres plantes sauvages étaient les bienvenues. C'était ce qu'on appelle aujourd'hui une pelouse biodiversifiée.

Ce n'est pas par nostalgie que plusieurs jardiniers veulent renouer avec l'écopelouse, c'est plutôt par nécessité. L'écopelouse est faite pour ceux :

- qui désirent passer plus de temps à profiter de la pelouse qu'à la gérer ;
- qui ne veulent pas être enchaînés à une pelouse qui a besoin d'être arrosée, surveillée, bichonnée, fertilisée, scrutée à la loupe pour déceler les maladies et les insectes ravageurs ;
- qui veulent avoir du temps libre le week-end.

Vous reconnaissez-vous ?

L'écopelouse est un lieu de détente et de jeux tout à fait sécuritaire.

À chacun ses bonnes raisons

Pour l'activiste, opter pour l'écopelouse, c'est afficher sa désobéissance (pacifique) aux standards esthétiques imposés par le marketing des corporations agropharmaceutiques et au lobby de l'industrie de la pelouse industrielle.

Pour le biologiste, le scientifique et le naturaliste, c'est faire le choix de la biodiversité pour l'équilibre des écosystèmes urbains durables.

Pour la personne occupée et qui n'aime pas dépenser inutilement, c'est faire un choix d'économie de temps et d'argent.

Pour la personne sensible à l'environnement et à l'état de la planète, c'est faire un choix écologique afin de réduire sa dépendance à l'eau, minimiser sa production de GES et son impact sur le réchauffement climatique, ainsi que limiter la pollution atmosphérique et des cours d'eau.

Pour la personne qui se remet d'un cancer, c'est une question de survie.

Pour moi, c'est tout ça, mais c'est surtout un geste tout à fait logique et naturel.

L'implantation

Avant de commencer des travaux pour mettre en place une écopelouse ou encore transformer une pelouse sans pesticide en écopelouse, il est important de comprendre les processus « gratuits » que propose la nature.

La Nature comme source d'inspiration

Dans une prairie naturelle (ou dans une forêt), il ne viendrait à l'idée de personne d'aller fertiliser ou même d'arroser. Pourquoi ? Parce que la Nature s'en occupe. Alors, pourquoi les jardiniers devraient-ils travailler si fort et investir autant d'argent pour soutenir une pelouse qui est un véritable écosystème ? Peut-être parce qu'on a retiré la Nature de l'équation pour la remplacer par « l'ingéniosité » de l'Homme.

Est-il possible que l'obsession de contrôle et l'égocentrisme aient mené les horticulteurs à se substituer à la nature, bousillant ainsi le système naturel ?

Dans la nature, les matières organiques sont recyclées et contribuent à nourrir le sol, puis la plante.

Pour renouer avec ce lien, il faut observer ce qui se passe dans la nature. Dans une prairie, les herbes, à l'aide de leurs feuilles, participent à la photosynthèse et produisent les éléments nécessaires à leur croissance. Avec leurs racines, elles puisent de l'eau et des nutriments dans le sol. D'où viennent ces nourritures ? De la pluie, du sol minéral (argiles, limons et sables), des matières organiques et des humus de la terre. Qui a « apporté » ces matières organiques et ces humus ? En fait les plantes elles-mêmes, et parfois quelques arbustes et arbres situés en périphérie de la prairie. Dans une prairie, les tiges et feuilles tombent au sol année après année. Elles sont alors décomposées (compostées) par les vers de terre, les collemboles (la pédofaune) et les microorganismes (la pédoflore) du sol. Les matières organiques deviennent alors de la nourriture et des éponges qui retiennent l'eau et les nutriments pour les végétaux. On comprend facilement que si dans une prairie on enlevait les herbes, il faudrait les remplacer par du compost et des engrais et aussi arroser. C'est exactement ce que l'on fait sur les pelouses industrielles.

Laisser le gazon coupé au sol est un geste naturel !

Quel rapport y a-t-il entre une prairie et une pelouse ? En fait, le processus est le même. Si on enlève constamment le gazon coupé, on ramasse les feuilles des arbres qui tombent sur la pelouse, il n'y a plus de nourriture pour les vers de terre et les microorganismes. Sans eux, les matières organiques ne sont plus transformées et l'humus disparaît du sol.

Toutefois, il ne suffit pas de pratiquer l'herbicyclage et de laisser les feuilles sur la pelouse pendant un ou deux ans pour que le sol retrouve sa « nature ». La Nature a mis plusieurs milliers d'années pour « fabriquer » un sol équilibré, bien adapté aux plantes qu'il supporte. Il faut donc rechercher à atteindre ce but. Si la pelouse est implantée sur un remblai, il faudra plusieurs actions pour lui redonner son côté naturel. Si le sol a déjà une bonne qualité, le travail sera moins ardu. Dans le cas d'une pelouse existante, tout dépendant de la qualité du sol, plusieurs actions devront être faites.

Une fois que l'écosystème du sol est bien établi, il ne reste plus qu'à copier ce qui se passe dans la nature et lui donner un petit coup de pouce de temps à autre.

Pour apprendre à connaître son sol, il faut creuser, toucher, sentir et observer.

Comprendre l'écosystème du sol

L'écosystème du sol comprend trois grands éléments :

- le sol (sa structure, sa texture, son pH, sa composition en éléments nutritifs, etc.). Pour découvrir tout ce qui compose un sol, consulter la section *Le type de sol* dans le chapitre *La pelouse sans pesticide – L'implantation* ;
- les plantes. Pour connaître les besoins des plantes qui composent une écopelouse, on se réfère au chapitre *Bien choisir les plantes pour la pelouse* ;
- la vie biologique. C'est un élément important, souvent négligé. Voici de quoi il est composé.

La vie biologique du sol

Les sols sont composés de sables, de limons, d'argiles, de matières organiques et d'humus. Ils sont aussi composés de milliards d'organismes vivants, que ce soient des animaux (protozoaires, nématodes, arthropodes, etc.), des végétaux (champignons, mycorhizes, etc.) ou des bactéries.

Les plus petits ont été regroupés sous le vocable de « microorganismes bénéfiques du sol ». S'il en existe une vaste gamme, les plus intéressants et les plus bénéfiques sont :

- les actinomycètes : groupe de microorganismes qui sont responsables de la dégradation de matériaux résistants dans les matières organiques (cires, lignines, etc.). On reconnaît leur présence à l'odeur de terre riche de sous-bois qu'ils produisent ;
- les bactéries : petits organismes unicellulaires indispensables à la dégradation des matières organiques et à la libération des nutriments. Ils sont actifs en présence de nourriture (matières organiques, sucres, etc.), d'oxygène (sol non compact) et d'humidité (sol riche), avec un pH entre 6,5 et 7,5 ;
- les champignons : petits organismes filamenteux qui décomposent les parties coriaces de matières organiques (protéines, celluloses, lignines, etc.). Ils participent activement, entre autres, à la dégradation du chaume. Ils sont actifs quel que soit le niveau de pH ;

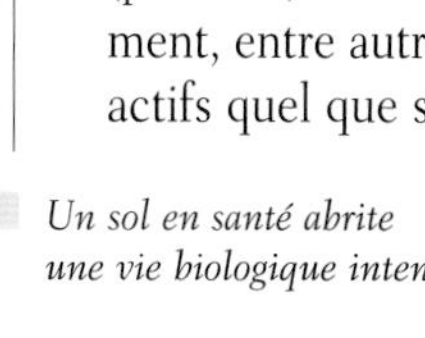

Un sol en santé abrite une vie biologique intense.

Mutualisme

Association entre deux organismes d'espèces différentes, qui est profitable pour chacun d'eux.

Acarien

Petit organisme souvent microscopique appartenant à la même classe que les araignées.

Collembole

Petit insecte primitif, qui ne porte pas d'ailes et qui ne subit aucune métamorphose.

- les mycorhizes : groupe de champignons spécialisés qui forment une association bénéfique (**mutualisme**) avec les racines des végétaux (incluant les graminées). Le mycélium des champignons absorbe de l'eau et des éléments nutritifs trouvés dans le sol et les échange à la plante contre des sucres.

D'autres insectes sont regroupés sous le nom de microarthropodes. Il s'agit notamment (il y en a d'autres) d'**acariens** bénéfiques et de **collemboles**.

Finalement, il y a les vers de terre dont les vertus bénéfiques sont bien connues. Leur présence est cruciale, car ils creusent des tunnels qui permettent une meilleure pénétration de l'air et de l'eau dans le sol. Ils interviennent de manière importante dans la transformation des matières organiques en engrais riche en éléments nutritifs. De plus, ils les transportent en profondeur près des racines. Ils jouent un rôle important dans la décomposition du chaume qu'ils recyclent en humus et en éléments nutritifs. Dans les faits, les vers de terre sont de véritables petites usines à engrais. Ils passent des matières organiques et du sol dans leurs intestins et il en résulte des déjections, les « tortillons », extrêmement riches en nutriments assimilables par les racines des plantes.

La présence de vers de terre est bénéfique et indique que le sol est en bonne santé.

Les microorganismes sont invisibles à l'œil nu. Les autres sont plus faciles à identifier. Dans un seul gramme de sol (prairie) en santé, on peut observer 100 millions à un milliard de bactéries, des dizaines à des centaines de mètres de biomasse fongique, plusieurs milliers de protozoaires, des centaines de nématodes bénéfiques. De plus, on relève entre 5 000 et 20 000 arthropodes et 100 à 500 vers de terre par mètre carré.

On constate ces quantités dans un sol en santé, c'est-à-dire dans un sol qui ne reçoit pas de pesticides et d'engrais de synthèse, mais qui, au contraire, reçoit régulièrement des apports de matières organiques (feuilles, tiges, etc.).

PROFITEZ-EN, C'EST GRATUIT !

À l'aide d'un râteau à feuilles, répandez sur toute la pelouse les petits monticules de déjection de vers de terre. C'est un véritable or noir.

En effet, l'emploi régulier de pesticides et d'engrais de synthèse, s'il ne détruit pas tous les microorganismes (bactéries, champignons et actinomycètes), les microarthropodes (collemboles, etc.) et les vers de terre bénéfiques au sol et aux plantes, favorise certains au détriment d'autres. L'équilibre naturel est alors rompu.

Pourquoi devrait-on se préoccuper de la vie du sol? Eh bien, si cette petite armée d'ouvriers est bien gérée, ils travaillent sans relâche pour la santé des plantes. Dans certains cas, cette situation permet de réduire les besoins en eau et même d'éliminer les apports d'engrais, de fongicides, d'herbicides, de pesticides en général et tout le travail qui vient avec. C'est aussi grâce à cette petite armée que le chaume est dégradé, que la croissance des racines est stimulée et que les maladies sont contrôlées.

Une diminution dramatique

Selon Mary Appelhof, biologiste, depuis quelques années, les populations de vers de terre diminuent, victimes des tracteurs, des pesticides, des herbicides, du manque de matières organiques dans le sol et de la méconnaissance de leurs bienfaits pour l'environnement. Leur nombre est passé de 500 par m² (± 50/pi²) à moins de 50 (± 5/pi²) en l'espace de quelques années.

La matière organique

Les vers de terre, la pédofaune, la pédoflore et les microorganismes bénéfiques, responsables de la fertilité des sols, ne peuvent survivre sans nourriture. Pour eux ce sont les matières organiques. En plus de fournir le carburant à tous ces organismes, celles-ci se transforment en humus qui jouent des rôles de réservoir d'eau et de nutriments très importants. Cette matière précieuse influe beaucoup sur la structure et la fertilité du sol. Elle est le ciment qui lie les particules de sol et lui donne une bonne structure.

Matières organiques qui ont atteint des stades de décomposition avancés. Cette décomposition est le résultat du travail acharné des organismes du sol.

Les composts de qualité sont de couleur foncée et ont une bonne odeur de sous-bois.

Il faut nourrir les organismes du sol avec des matières organiques.

La meilleure façon de stimuler la vie dans le sol, et de maintenir ainsi la vitalité et la fertilité de ces derniers, c'est de nourrir les organismes du sol (microorganismes, vers de terre, etc.) par de généreux apports de matières organiques.

C'est pourquoi, dans une écopelouse, on doit absolument laisser les rognures de gazon au sol. On ne doit pas non plus enlever le chaume (qui de toute façon ne représente pas un problème parce qu'il est en petite quantité), car il nourrit les organismes du sol. Laisser les feuilles broyées à l'automne est aussi une très bonne manière d'apporter des matières organiques qui sont compostées sur place.

Pour qu'un compost soit une bonne source d'humus, il doit être bien mûri.

La décomposition de toutes ces matières organiques fournit au sol, puis à la plante, de bonnes quantités d'éléments nutritifs. Si une pelouse n'a pas subi un régime industriel de pesticides et d'engrais de synthèse, il est possible que ces apports réguliers de matières organiques soient suffisants pour la nourrir, ainsi que les organismes du sol.

La préparation du sol

On sait que la végétation croît mieux dans un sol vivant et en santé. C'est le cas pour l'écopelouse. Toutefois, contrairement à la pelouse sans pesticide qui est composée de graminées exigeantes, on n'a pas besoin de mettre en place une terre de qualité supérieure travaillée sur une profondeur de 20 à 30 cm (8 à 12").

Dans le cas de l'écopelouse, comme on fait correspondre les besoins des plantes (voir la section *Le choix des plantes* dans le présent chapitre), on a forcément moins d'exigences quant aux propriétés du sol. On travaille plutôt avec le sol en place et on l'enrichit par des ajouts d'amendements organiques (composts, feuilles mortes, etc.) et minéraux (chaux, roches broyées, etc.). Après tout, le but d'avoir une écopelouse c'est de moins travailler, moins dépenser et minimiser les impacts sur l'environnement.

Par sa belle couleur brun foncé, on voit que ce sol est riche en matières organiques.

À moins d'avoir un sol d'argile pure, de remblai de piètre qualité ou de sable de construction ou de plage, on peut créer un environnement propice à la culture de l'écopelouse. Cela dit, plus le sol est riche en matières organiques, vivant et profond, plus la pelouse peut survivre sans aide.

Souvenirs d'enfance

À l'époque de mes parents, la pelouse était ensemencée sur un sol généreusement amendé de fumier. Le sol sur place n'avait pas été décapé ou remanié lors de la construction de la maison, comme c'est le cas aujourd'hui. On partait avec une bonne fondation et on avait souvent accès à du bon compost de fumier bien mûri. Le sol était riche et fertile. On y puisait nos vers de terre pour attraper du poisson, tant le sol était vivant.

Pour les maisons construites récemment qui n'ont, pour ainsi dire, pas véritablement de sol, il faut utiliser comme base les informations fournies dans la section *L'épaisseur du sol* dans le chapitre *La pelouse sans pesticide – L'implantation*. Toutefois, sachant que les écopelouses sont moins exigeantes que les pelouses sans pesticide, on apporte les ajustements nécessaires. Par exemple, la pelouse sans pesticide requiert un sol riche d'une profondeur minimale de 20 cm (8"). Les graminées et les plantes à larges feuilles sélectionnées pour établir une écopelouse sont mieux adaptées aux conditions précaires. Le sol peut donc être ameubli et amendé sur une profondeur de 10 à 15 cm (4 à 6") seulement.

Réussir la conversion

Si une pelouse a été installée sur un sol de piètre qualité qui a subi des années de traitements chimiques, on a probablement des problèmes de chaume, de maladies ou d'insectes ravageurs, comme les punaises velues et les vers blancs. Selon le cas, il faut décider s'il est préférable de recommencer à neuf ou de travailler avec ce qui est existant. Pour décider la marche à suivre, consulter le chapitre *De la pelouse industrielle... à l'écopelouse*.

Un choix de plantes diversifiées caractérise l'écopelouse.

Le choix des plantes

C'est dans le choix des plantes que l'on cultive que les plus grandes différences se font sentir entre l'écopelouse et les autres types de gestion. Avec l'écopelouse, on peut vraiment s'amuser à donner un aspect original à la pelouse. On peut sélectionner aussi bien des espèces de graminées que certaines plantes à larges feuilles. Les combinaisons sont multiples. Il s'agit de connaître les caractéristiques du sol et de l'environnement (ensoleillement, texture, etc.) et choisir les graminées et les autres plantes adaptées à ces conditions (voir le chapitre *Bien choisir les plantes pour la pelouse*). C'est le principe de la bonne plante au bon endroit.

La plupart des mélanges de semences identifiés comme à faible entretien qui sont vendus dans le commerce sont majoritairement constitués de fétuques fines. Dans certains cas, on y ajoute un certain pourcentage de ray-grass vivace, de pâturin du Kentucky ou de trèfle blanc.

Une nouvelle vision des choses

Toutefois, certains chercheurs et praticiens, préoccupés par les exigences et les impacts sur l'environnement de la pelouse traditionnelle, ont commencé à modifier ces mélanges pour les rendre plus rustiques et moins exigeants. C'est le cas de Tom Cook, un spécialiste des gazons et chercheur de l'Université de l'Oregon, qui a mis des années à développer un nouveau genre de pelouse, l'*Eco-lawn* ou l'*Éco-pelouse* qui n'exigerait que peu d'entretien, peu d'eau et peu de fertilisation. Une pelouse écologiquement stable et durable!

Pour ce faire, le chercheur et son équipe ont testé toutes sortes de mélanges qui, en plus d'inclure des graminées et du trèfle, contiennent même des espèces à larges feuilles comme l'achillée millefeuille ou la marguerite anglaise, que plusieurs appelleraient des « mauvaises herbes ».

CONVERGENCE

Étonnant! Ce que Tom Cook propose ressemble drôlement à ma pelouse! Belle et verte tout l'été... mais sans la perfection de la monoculture de pâturin du Kentucky! Des milliers de kilomètres de distance, mais les mêmes résultats.

Tourné vers l'avenir

«... bien que certains trouvent ridicule le fait de planter des mauvaises herbes, il est clair que plusieurs jardiniers accueillent avec enthousiasme l'idée d'avoir une pelouse fonctionnelle, écologiquement stable, qui va persister avec beaucoup moins d'intrants que la pelouse de graminées traditionnelle... Avec le temps, je souhaite que l'on fasse autant de progrès à développer ce type de pelouse que comme on l'a fait avec toute la recherche investie dans les graminées dans les derniers 30 ans.»

TOM COOKE

Attention, ce qu'ils proposent avec ces nouveaux mélanges ce n'est pas de faire pousser un tapis de « mauvaises herbes ». C'est pourquoi tout en recherchant une pelouse plus rustique, l'équipe de Cook était aussi convaincue qu'il fallait que ces pelouses soient compatibles avec les utilisations typiques des pelouses conventionnelles (sport, relaxation, aménagement autour de la maison, etc.). On est donc loin d'une prairie fleurie. Ce que Tom Cook recommande, c'est une pelouse de graminées avec de la biodiversité.

Cette pelouse est faite à 100 % de fétuques fines.

De nouvelles manières de faire

Sceptique sur le fait qu'on puisse avoir une pelouse qui reste belle et verte sans arrosage, sans fertilisation et sans pesticide ? Selon le professeur Cook, une fois établies les écopelouses étudiées par son équipe demeuraient vertes tout l'été, malgré un arrosage mensuel et une tonte toutes les trois semaines pendant la saison de croissance. Même écho de Paul Jenkins, de l'entreprise ontarienne Wildflower Farm, pour qui l'écopelouse n'a pas besoin d'être arrosée, ni fertilisée. Elle peut même ne pas être tondue et demeurer belle.

Ces deux exemples montrent bien qu'en choisissant adéquatement les plantes qui composent une écopelouse, il est possible de réduire significativement les interventions et les ressources (eau, engrais, etc.).

BELLES ET NATURELLES

L'écopelouse ressemble à ces pelouses que l'on peut admirer autour des maisons de campagne et des maisons de fermes, belles et naturelles, à l'opposé de belles et artificielles !

Des essais comparatifs concluants

Évidemment, ce type de pelouse n'est pas pour tout le monde. Il faut être prêt à troquer perfection esthétique et coupe « vert de golf », pour durabilité, économie, protection de l'environnement et paix d'esprit.

Les jardiniers les plus sceptiques crient à l'imposture à l'idée d'inclure du trèfle avec les graminées. D'autres l'acceptent, mais sont très réticents à cultiver des plantes à larges feuilles dans la pelouse. D'autres encore disent que ça ne peut être que laid, que ça doit ressembler à un champ de mauvaises herbes, à du laisser-aller et qu'on ne peut pas appeler ça une pelouse.

L'écopelouse convient bien au terrain entourant un chalet.

Ecology lawn

Mélange de graminées, trèfles, fleurs sauvages et plantes aromatiques.

Eco-Lawn

Mélange de ray-grass vivaces, trèfles, achillées millefeuilles, pâquerettes ou marguerites anglaises.

Fleur de Lawn

Mélange de ray-grass vivaces, marguerites anglaises, némophiles (Nemophila menziesii)*, achillées millefeuilles et trèfles.*

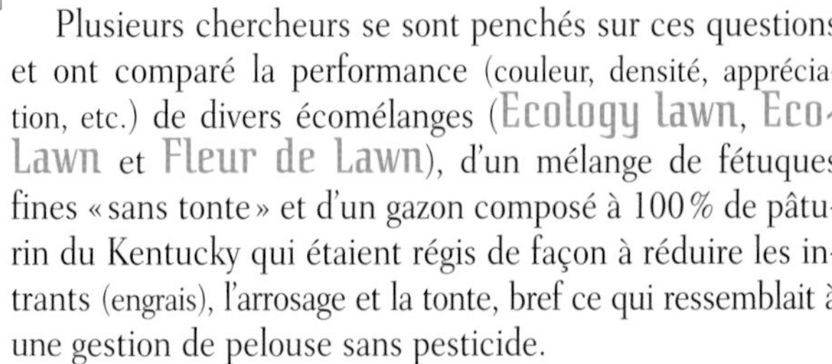

Plusieurs chercheurs se sont penchés sur ces questions et ont comparé la performance (couleur, densité, appréciation, etc.) de divers écomélanges (Ecology lawn, Eco-Lawn et Fleur de Lawn), d'un mélange de fétuques fines « sans tonte » et d'un gazon composé à 100 % de pâturin du Kentucky qui étaient régis de façon à réduire les intrants (engrais), l'arrosage et la tonte, bref ce qui ressemblait à une gestion de pelouse sans pesticide.

Les professeurs Mary Hockenberry Meyer et Brad Pedersen de l'Université du Minnesota sont arrivés aux conclusions suivantes :

- les écomélanges ont présenté un aussi bel aspect que les deux autres mélanges de graminées ;
- les écomélanges et le gazon constitué de fétuques fines à 100 % étaient d'un vert foncé égal ou de meilleure qualité que les parcelles de pâturin du Kentucky.

Les écomélanges comportant de la marguerite anglaise et de la némophile sont non rustiques (zones 6 et plus) au Québec. Ces plantes peuvent être avantageusement remplacées par l'achillée millefeuille, la camomille ou le thym.

Les écomélanges peuvent être utilisés dans plusieurs situations, certains convenant même aux endroits légèrement ombragés.

Les écomélanges vendus au Québec

À l'heure actuelle, il n'existe pas d'écomélanges contenant de l'achillée millefeuille, du thym ou de la camomille sur le marché au Québec. Donc, si on cherche à ensemencer une écopelouse, on choisit un mélange de semences à gazon à faible entretien dans lequel on ajoute des semences de ces plantes.

Les mélanges de semences à gazon à faible entretien sont généralement constitués de graminées issues de croisement spécialement choisies pour leurs qualités de rusticité et de résistance à la sécheresse et aux ravageurs. La plupart d'entre eux contiennent une forte proportion de fétuques fines inoculées d'endophytes, parfois combinés avec du trèfle. Certains mélanges ne contiennent que des fétuques fines sélectionnées pour leur frugalité et leur résistance à la sécheresse.

Les écomélanges contiennent entre autres des fétuques fines et du trèfle.

Attention aux pelouses de fétuques

Elles sont modérément tolérantes au piétinement et peuvent donner l'impression qu'elles sont «trouées» si l'achalandage est trop important. Ce n'est donc pas un bon choix pour un terrain sportif ou des endroits en zones commerciales où les pelouses subissent un piétinement continu.

Comme il n'y a eu encore que bien peu d'expérimentations, il est difficile d'établir les pourcentages de plantes à larges feuilles qu'il faut intégrer aux mélanges. Il est donc conseillé de tester l'implantation de ces plantes sur une petite parcelle avant d'en couvrir tout le terrain.

Dans le cas d'une pelouse déjà établie, on se réfère au chapitre *De la pelouse industrielle... à l'écopelouse*.

Le trèfle, herbe indésirable ou alliée?

Longtemps considéré comme herbe indésirable (même si ça n'a pas toujours été le cas [voir le chapitre *La pelouse, on aime un peu, beaucoup, à la folie!*]), le trèfle ne l'est certainement pas dans une écopelouse.

C'est une plante à larges feuilles qui fait partie de la famille des légumineuses. Ses racines sont parsemées de nodules qui abritent des bactéries fixatrices d'azote. Ces organes sont de véritables petites usines à production d'azote qui extrait celui contenu dans l'air et le transforme en azote assimilable par la plante.

Ainsi, seulement 5% de trèfle (soit 30 g/100 m^2 [1 oz/1000 pi^2] de semences) dans une pelouse fournit 0,5 à 1,5 kg d'azote/100 m^2/an (1 à 3 lb/1000 pi^2/an). Quand on sait qu'une pelouse a besoin de 1 à 1,5 kg d'azote/100 m^2/an (2 à 3 lb/1000 pi^2/an) et qu'on laisse les rognures au sol, on n'a probablement plus besoin, ou du moins très peu, de fertiliser. De plus, l'azote que fournit le trèfle a peu de chance d'être lessivé et n'acidifie pas le sol comme les engrais de synthèse le font.

Le trèfle est depuis toujours une plante compagne pour les graminées.

Le trèfle présente aussi d'autres avantages :

- il reste vert tout l'été même dans les pires sécheresses et canicules ;
- ses feuilles protègent le sol des rayons de soleil, ce qui réduit la température du sol, retarde la dormance des graminées et réduit la lumière, empêchant ainsi plusieurs graines d'herbes indésirables de germer ;
- il protège le gazon contre certains ravageurs, comme les punaises des céréales qui s'attaquent seulement aux graminées et les vers blancs qui préfèrent principalement les racines des graminées ;
- la présence de trèfle permet de cesser l'utilisation des engrais de synthèse azotés, rendant ainsi la pelouse moins vulnérable aux insectes ravageurs et aux maladies ;

Les semences de trèfle sont vendues dans la plupart des jardineries.

Il existe quelques désavantages :

- il attire les abeilles (qui ne sont pas agressives) ;
- il est glissant (il faut éviter de l'utiliser en grande quantité sur un terrain sportif) ;
- il est salissant, il tache le linge.

Du thym dans la pelouse

Il vaut mieux opter pour le repiquage de plants de thym que pour le semis.

L'ajout de thym dans la pelouse se fait à l'aide de repiquage de petits plants qui ont déjà atteint un certain degré de maturité. L'ensemencement du thym dans une pelouse déjà établie n'est pas recommandé.

Le thym se plaît particulièrement dans les sols sablonneux ou argileux secs, sur les talus aux endroits ensoleillés. Pour les détails en ce qui a trait à l'établissement du thym, voir le chapitre *Bien choisir les plantes pour la pelouse*.

Mettre en place une écopelouse

Semis ou gazon en plaque ?

Dans le cas de l'écopelouse, la question ne se pose pas réellement puisqu'il n'existe aucun écomélange proposé en rouleaux. Il faut donc, obligatoirement, se tourner vers l'ensemencement.

Toutefois, si on doit recouvrir rapidement le sol, on peut toujours dérouler le gazon comme on le fait pour une pelouse sans pesticide, puis faire un sursemis avec un écomélange. Pour connaître les techniques reliées à ce genre de travaux, voir le chapitre *De la pelouse industrielle... à l'écopelouse*.

Il est cependant important de noter qu'une telle procédure est beaucoup moins écologique que l'implantation directe d'une écopelouse. Avant de procéder, on doit donc bien évaluer les enjeux et vérifier s'il n'existe pas d'autres manières de faire. Par exemple en ne plaçant des rouleaux que sur une partie du terrain et en ensemençant le reste.

L'ensemencement

Pour des surfaces importantes, on peut opter pour le mélange de mil et de trèfle.

Avant de procéder au semis, il faut bien choisir les espèces de graminées et autres végétaux qui sont les mieux adaptés aux sites et à ses exigences.

La préparation du site est conditionnée par le pourcentage de graminées. Plus celui-ci est élevé, plus il se rapproche des conditions d'ensemencement d'une pelouse sans pesticide. Plus le mélange contient du trèfle ou des plantes à feuilles larges, plus la préparation peut être minimale.

Semis d'une écopelouse de graminées avec ou sans trèfle

Une fois la surface bien préparée et nivelée, on procède à l'épandage des semences. Pour de petites surfaces, on peut faire un semis à la volée ou utiliser un épandeur manuel. Pour de plus grandes surfaces, il est préférable d'utiliser un épandeur rotatif ajusté à une demi-ouverture. On procède à un premier passage dans un sens, puis à un deuxième, perpendiculaire au premier.

Pour accélérer la germination, il est recommandé de vaporiser les semences avec une solution d'extraits d'algues sous forme liquide ou de thé de compost oxygéné avant de les enfouir. Une fois les semences étendues, on ratisse à l'aide d'un balai à feuilles (souple) et on tasse légèrement en passant le rouleau à gazon (vide ou ⅓ plein). Afin de ne pas compromettre la germination, on doit s'assurer que les semences ne sont pas recouvertes de plus de 7 mm (¼") de sol.

Si on ensemence une pelouse sur un sol en pente, il est judicieux d'incorporer au mélange une proportion de ray-grass annuel ou vivace. Celui-ci germe plus rapidement que toutes les autres graminées, ce qui permet ainsi de couvrir le sol en quelques jours, évitant ainsi une possible érosion.

Réduire la dépendance

Pour réduire la dépendance d'une écopelouse à l'arrosage et aux engrais, on peut choisir des semences enrobées de champignons mycorhiziens ou en ajouter au moment de l'établissement à raison de 2 kg de Myke pour pelouse/100 m² (4 lb/1 000 pi²).

Semis d'une écopelouse de graminées avec plantes sauvages

Le semis d'un mélange pour écopelouse fait de graminées et plantes à larges feuilles est identique à celui fait pour une écopelouse de graminées avec ou sans trèfle. Toutefois, le semis doit être moins dense. Pour éviter que les graminées ne créent trop d'« ombre », on utilise de 0,5 à 2 kg de semences (selon le mélange) pour couvrir 100 m² (1 à 4 lb/1 000 pi²).

L'année après le semis, la couverture est moins dense.

L'année après le semis

Pour une écopelouse de graminées avec ou sans trèfle, avec ou sans plantes sauvages, l'entretien durant la première année est le même.

Pendant les deux premières semaines de germination, on maintient humide la couche superficielle de 6 à 13 mm (¼ à ½") de sol par des arrosages fréquents et de courte durée. Ensuite, pour favoriser un enracinement profond, on réduit la fréquence et on augmente la durée de l'arrosage pour que l'eau pénètre jusqu'à 6 à 8 cm (3 à 4") de profondeur.

L'année après le semis, l'écopelouse est généralement moins dense qu'une pelouse de graminées. Ce n'est qu'une fois que les plantes à larges feuilles sont bien établies que la pelouse a l'air d'une pelouse traditionnelle. Cela peut prendre d'un à deux ans.

Pendant cette période, il faut s'assurer d'enlever les herbes indésirables et d'arroser régulièrement comme pour une pelouse ordinaire.

Que ce soit une pelouse de fétuques ou un mélange, il faut éviter de piétiner la pelouse pendant les premières semaines d'établissement. Les fétuques fines germent relativement rapidement, mais croissent lentement (moins de tonte). Quatre à six semaines après le semis, la pelouse devrait atteindre 10 à 12 cm (4 à 5"). Si on veut une pelouse tondue, on évite de tondre plus du tiers et on maintient la hauteur à un minimum de 7,5 cm (3").

Ceux qui optent pour une pelouse de fétuques peuvent, dans certains endroits, choisir de ne jamais tondre leur pelouse. Dans ce cas, les brins atteindront entre 23 et 25 cm (9 à 10") de longueur et resteront couchés au sol. À cette hauteur les fétuques fines ne peuvent rester à la verticale. C'est très joli, ça a l'air d'un beau tapis vert à longs poils ou d'une jolie prairie bien verte.

L'entretien

Dans le cas de l'écopelouse, tous les travaux d'entretien n'ont pas la même importance… puisque certains n'ont aucune raison d'être. C'est pourquoi ils sont présentés ici par ordre de prépondérance.

Sans arrosage, l'écopelouse pousse moins vite et nécessite moins de tonte.

La tonte et l'herbicyclage

Puisque les écomélanges qui constituent l'écopelouse sont moins exigeants en engrais, et qu'ils se contentent des rognures de gazon laissées au sol et du trèfle présent, la croissance est ralentie. Les tontes sont donc moins fréquentes.

Certains mélanges de fétuques fines peuvent très bien ne pas être tondus ou faire l'objet de quelques tontes seulement pendant la saison. Cette situation contribue à réduire de façon importante l'émission des gaz à effet de serre et de polluants. En plus d'être meilleur pour l'environnement, c'est aussi bon pour le portefeuille.

L'écopelouse peut être maintenue à plus de 7,5 cm. Dans certains cas, on peut ne pas tondre pendant presque tout l'été.

Lorsque la tonte est requise, il est tout aussi important que la hauteur soit maintenue entre 7 et 8 cm (± 3"), voire plus. Il faut aussi que les lames soient bien affûtées. Pour les petites à moyennes surfaces, l'utilisation d'une tondeuse manuelle est tout à fait indiquée.

Évidemment, les rognures de gazon sont laissées au sol, sauf lorsque certaines herbes indésirables sont sur le point de produire des graines. Dans ce cas, si l'on veut restreindre leur établissement, le gazon coupé doit être ramassé et mis au compost (celui-ci doit être actif et bien chauffer) ou enfoui dans le jardin.

À l'automne, on peut choisir d'effectuer une dernière tonte plus courte avant l'hiver. Dans ce cas, la pelouse verdit plus rapidement au printemps.

Si on désire laisser les fétuques fines pleine longueur pour passer l'hiver, on doit s'assurer qu'on n'a pas de mulots dans les parages. Si c'est le cas, il est préférable de tondre plus court.

MOINS DE TRAVAIL

Pour réduire la fréquence de tonte (et la production de résidus), on contrôle la croissance du gazon. Pour ce faire, on réduit au minimum la fertilisation et on limite les arrosages.

Le terreautage

Cette pratique permet d'enrichir le sol de compost pour nourrir le sol et augmenter sa teneur en matières organiques.

Généralement on terreaute les sols qui ont besoin d'être enrichis (les tests maison décrits dans le chapitre *La pelouse sans pesticide – L'implantation* permet une évaluation facile) ou lorsqu'on est dans un processus de transition entre deux modes de gestion.

Pour la procédure, voir la section *Le terreautage* dans le chapitre *La pelouse sans pesticide – L'entretien*.

Le sursemis

Certains jardiniers optent pour la naturalisation de leur pelouse et se contentent de travailler avec ce qui pousse bien dans les conditions qui prévalent sur leur propriété. Les autres, pour qui la présence de graminées est primordiale, doivent pratiquer régulièrement des sursemis.

Plus généralement, à moins d'un ensemencement mal réussi, le sursemis doit être fait lorsque la pelouse est clairsemée ou qu'elle doit être régénérée, soit tous les trois ou quatre ans. Cette technique permet aussi de réparer les zones abîmées.

Le sursemis est l'outil idéal pour ajouter à la pelouse en place, du trèfle, de l'achillée millefeuille et toutes autres plantes résistantes pouvant être semées directement dans la pelouse.

Pour bien réussir un sursemis, suivez les étapes mentionnées à la section *Le sursemis* dans le chapitre *La pelouse sans pesticide – L'entretien*.

La fertilisation

On a compris que pour avoir des végétaux en santé, que ce soient des arbres, des fleurs ou une pelouse, la qualité du sol est primordiale. Alors, si on choisit de prendre *La Nature comme source d'inspiration*, on sait qu'il faut nourrir le sol par l'apport de matières organiques, comme le compost et les feuilles broyées, qu'il faut fournir de l'oxygène aux racines et aux microorganismes et qu'il faut parfois corriger des carences minérales.

Le thé de compost est une excellente source de nutriments et de microorganismes bénéfiques.

Donc, si on laisse les rognures de gazon au sol, que l'on broie les feuilles qui tombent à l'automne et qu'on a des légumineuses dans la pelouse, on ne devrait pas avoir à fertiliser.

Dans le cas où l'écosystème de la pelouse est mature, qu'il s'autosuffit et qu'on ne s'attend pas à avoir une pelouse dominée par les graminées, la fertilisation est presque inutile.

Cependant, il y a plusieurs cas où la fertilisation et l'ajout d'amendements sont nécessaires :

- le taux de matières organiques dans le sol est faible, ou encore on souhaite augmenter les populations de microorganismes et de vers de terre du sol : on terreaute avec du compost ou on ajoute des engrais naturels ;
- on veut stimuler l'activité biologique dans une pelouse en transition : on fertilise avec des engrais naturels ;
- on souhaite faire décomposer le chaume présent dans une pelouse industrielle en transition : on terreaute avec du compost, on vaporise avec du thé de compost oxygéné ou on ajoute des engrais naturels ;
- on cherche à modifier un pH trop acide : on amende le sol avec de la chaux ;
- on est aux prises avec des vers blancs ou des punaises velues : on vaporise des extraits d'algues sous forme liquide ou du thé de compost.

Sur une écopelouse, il est parfois nécessaire d'apporter de l'engrais.

Quand l'écopelouse est constituée d'espèces qui requièrent des conditions de fertilité minimales (thym, achillée, trèfle), on utilise les amendements de compost et les engrais avec parcimonie.

Quand on cherche à maintenir une pelouse à dominance de graminées qui inclut une bonne proportion de pâturin du Kentucky, l'ajout ponctuel de compost et d'engrais peut être considéré. Si on décide de fertiliser, il faut le faire à la fin de l'été ou à la fin du mois de mai. On choisit des engrais 100 % naturels à faible teneur d'azote, par exemple : 4-3-6, 5-2-4, 5-1-5. Dans le choix de l'engrais, on évite des formules qui stimulent la pousse des feuilles au détriment des racines.

Pour sélectionner le fertilisant le mieux approprié, consulter le chapitre *Choisir le bon fertilisant*.

Avec l'écopelouse, l'arrosage n'est plus une corvée.

L'arrosage

La première année de l'établissement, il faut planifier d'arroser une écopelouse une fois par mois ou plus si nécessaire. Les années subséquentes, on cherche à retarder le premier arrosage le plus longtemps possible (normalement en juin). Dans bien des cas, aucun autre arrosage n'est nécessaire.

Dans les faits, il faut observer le site pour déterminer s'il faut arroser ou pas. Après quelques années, dans le cas de pelouses biodiversifiées ou des écopelouses de fétuques fines installées sur un sol en santé, l'arrosage devient rarement nécessaire.

Si on doit arroser, on suit la règle d'or: arroser peu souvent, mais en profondeur. Une fois établies, les écopelouses restent vertes tout l'été sans arrosage additionnel.

Seules les écopelouses implantées dans un sol sablonneux et qui subissent une sécheresse doivent faire l'objet d'un arrosage mensuel.

CAS VÉCU

Ma pelouse, qui est verte tout l'été, n'est jamais irriguée. Elle est constituée d'un mélange de fétuques fines et de pâturin qui a été semé il y a 40 ans. Quelques adventices s'y sont établies au fil du temps.

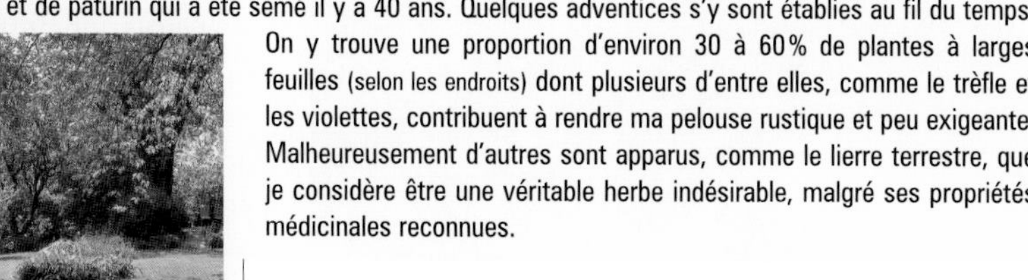

On y trouve une proportion d'environ 30 à 60 % de plantes à larges feuilles (selon les endroits) dont plusieurs d'entre elles, comme le trèfle et les violettes, contribuent à rendre ma pelouse rustique et peu exigeante. Malheureusement d'autres sont apparus, comme le lierre terrestre, que je considère être une véritable herbe indésirable, malgré ses propriétés médicinales reconnues.

Les herbes indésirables

L'objectif de cultiver une écopelouse étant d'avoir une couverture végétale presque sans entretien, la quasi-totalité des plantes, que ce soient des plantes sauvages ou des graminées, peut être considérée comme acceptable. Bien entendu, plusieurs plantes à larges feuilles jugées comme des indésirables dans les autres types de pelouses sont les bienvenues. Pour certains jardiniers, l'écopelouse est dominée par des graminées, comme des fétuques fines rustiques, pour d'autres, le trèfle, et d'autres plantes à larges feuilles, peuvent prédominer.

Le chardon est une mauvaise herbe qui ne doit pas être tolérée. Pour modifier les conditions propices à son établissement, on effectue une aération et on ajoute de la chaux et du compost.

Cela dit, les plantes toxiques, les plantes exotiques envahissantes ou les plantes pouvant causer des blessures, ne sont évidemment pas tolérées.

Si vous préférez les pelouses de graminées, sachez que la meilleure défense contre les herbes indésirables est une pelouse dense et en santé. Le sursemis (annuel ou aux deux ans) et la tonte à une hauteur de plus de 7 cm (± 3") sont certainement les meilleurs herbicides naturels disponibles. Mais la nature donne ici un petit coup de pouce.

Des herbicides vraiment naturels

Le broyage des feuilles d'érable et de chêne qui tombent sur la pelouse à l'automne relâcherait des substances (phénols) qui inhibent la germination des graines dans le sol. Le phénomène est suffisamment documenté pour que des chercheurs se penchent sur la mise au point d'un terreau ayant des propriétés herbicides efficaces contre les pissenlits. Ces phénols issus principalement de la décomposition des feuilles mortes d'érable pourraient devenir la nouvelle vague d'herbicide à la mode.

Les feuilles d'érable broyées et laissées à décomposer sur le gazon ont un effet herbicide sur les plantes adventices.

Les fétuques (fine, élevée, etc.) et les ray-grass vivaces produisent eux aussi des substances inhibitrices de la germination des graines des adventices présentes dans le sol. C'est ce qu'on appelle l'allélopathie. Les chercheurs se penchent d'ailleurs sur le potentiel de fabrication d'un herbicide naturel fait à partir de la M-tyrosine, la substance responsable d'inhiber la germination de graines d'adventices. Pour identifier les herbes indésirables présentes dans une pelouse, et mieux cerner les conditions propices à leur établissement, voir le chapitre *« Mauvaises herbes », adventices ou plantes indicatrices ?*

Les insectes bénéfiques peuvent trouver refuge dans l'écopelouse.

Les insectes ravageurs et les maladies

Les écopelouses sont constituées de graminées, de légumineuses et d'autres espèces de plantes adaptées aux conditions du site ; c'est ce qu'on appelle la biodiversité. Dans cet écosystème en santé, les insectes bénéfiques côtoient les insectes ravageurs, maintenant les populations de ces derniers à des niveaux qui ne posent pas de problèmes.

Puisqu'on n'utilise pas de pesticides sur une écopelouse, l'équilibre naturel n'est pas rompu et les infestations sont rares. Ce type de pelouse est reconnu comme étant moins vulnérable aux insectes, comme les punaises velues et les vers blancs, et aux maladies.

Contrairement aux pelouses industrielles et aux pelouses sans pesticide qui reçoivent des doses importantes d'azote, l'écopelouse est beaucoup moins attrayante pour les insectes ravageurs. Il en est de même avec les maladies qui sont contrôlées par une armée composée de milliards de microorganismes bénéfiques présents dans les sols riches en activité biologique qui reçoivent des apports de compost et de matières organiques variées.

L'aération

L'aération peut être utile pour corriger des problèmes de compaction dans les sols fortement piétinés tels que les surfaces de jeux, les pelouses de garderies et les CPE. Sinon, cette pratique est inutile.

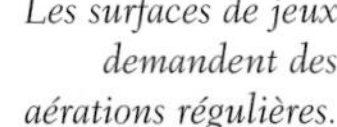

Les surfaces de jeux demandent des aérations régulières.

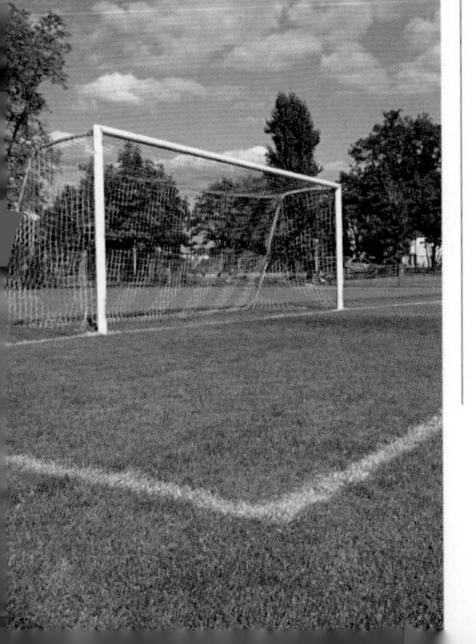

Le chaume

Le chaume est inexistant dans une écopelouse. Il faut se rappeler que le chaume est engendré par une production de matières végétales supérieure à la capacité du sol à les décomposer. Ici, les graminées et autres végétaux qui composent l'écopelouse ne sont pas forcés de pousser artificiellement par des apports d'azote synthétique et des arrosages réguliers. De plus, la vie du sol étant intense, les microorganismes s'affairent à décomposer les débris végétaux et à les recycler pour nourrir la pelouse. Le système est en équilibre.

Il faut un peu de temps pour transformer une pelouse sans pesticide en écopelouse.

De la pelouse industrielle... à l'écopelouse

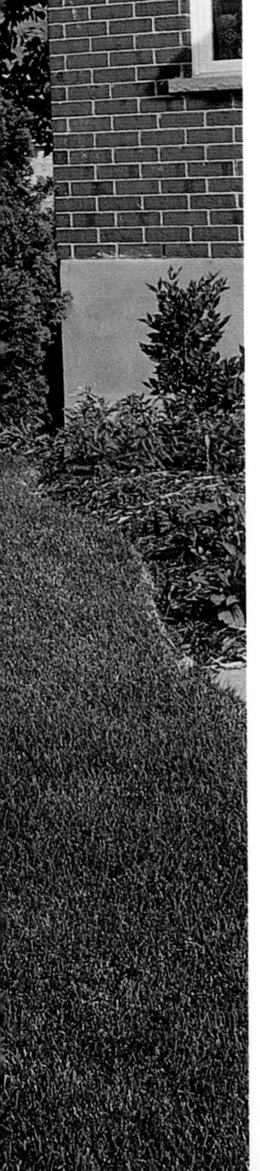

LA LECTURE DES CHAPITRES PRÉCÉDENTS vous a convaincu de transformer votre pelouse en écopelouse ? Vous vous demandez donc comment y parvenir ? Vous devez d'abord savoir que passer d'un mode de gestion à l'autre prend du temps, alors pas de précipitation. Vous devez commencer par évaluer votre situation. Par exemple, votre pelouse est installée sur un sol de piètre qualité qui a subi des années de traitements chimiques. Vous avez des problèmes de chaume, de maladies ou d'insectes ravageurs. Vous devez travailler fort et dépenser beaucoup d'argent pour maintenir votre pelouse en état. Il s'agit donc d'une pelouse industrielle.

Ensuite vous devez évaluer vos objectifs. Toujours dans le même exemple, vous désirez maintenant cultiver une écopelouse. Deux choix s'offrent à vous :

- recommencer à neuf ;
- transformer votre pelouse industrielle en pelouse sans pesticide, puis transformer celle-ci en écopelouse.

Recommencer à neuf

On peut utiliser cette méthode pour passer d'une pelouse industrielle à une pelouse sans pesticide, mais aussi d'une pelouse sans pesticide à une écopelouse, ou directement d'une pelouse industrielle à une écopelouse. D'ailleurs, dans ce dernier cas, c'est presque une obligation si on souhaite un résultat rapide.

L'approche qui consiste à recommencer à neuf demande qu'on y investisse du temps et de l'argent.

La procédure est la suivante :

Lors d'un remplacement complet de la pelouse, on peut préparer la surface du sol à l'aide d'un rotodairon.

1) à l'aide d'une détourbeuse ou d'un *rotodairon*, on retire la pelouse en place. Les résidus organiques ainsi générés sont mis à composter (ou broyés sur place dans le cas du *rotodairon*). On peut aussi solariser le sol (voir le chapitre *« Mauvaises herbes », adventices ou plantes indicatrices ?*). Cependant, il faut savoir que si on utilise cette méthode, les toiles de plastique (ou les vieux tapis) devront demeurer en place pendant toute la saison estivale ;
2) grâce aux tests maison, on évalue la quantité et la qualité du sol en place ;
3) on prépare la surface en faisant l'ajout de terre, de compost, d'amendements minéraux et d'engrais nécessaires en tenant compte du type de gestion que l'on a choisi ;
4) on procède à l'implantation selon les méthodes et les approches décrites dans les chapitres respectifs.

De la pelouse industrielle à la pelouse sans pesticide

Pour transformer une pelouse industrielle en pelouse sans pesticide, il faut entreprendre plusieurs actions. On doit suivre 13 étapes :

1) analyse du site et du sol. On utilise les tests maison ou on fait faire une analyse de sol par des professionnels. Dans ce cas, on s'assure qu'ils peuvent donner les bonnes recommandations pour une pelouse sans pesticide ;
2) aération du sol s'il est compact ou si le chaume est important ;
3) évaluation des populations d'adventices et de mauvaises herbes à l'aide du système AIDEE ;
4) amendement du sol pour corriger les conditions qui favorisent les graminées au détriment des adventices ;
5) enlèvement des herbes indésirables ;
6) exécution d'un sursemis avec un mélange de graminées avec endophytes. À cette étape on peut choisir de diversifier la composition de la pelouse en y ajoutant du trèfle ou d'autres graminées à gazon ;
7) terreautage avec du compost de qualité, annuel les premières années, puis s'espaçant de plus en plus ensuite ;

Une analyse du sol par carottage donne de bons indices sur sa qualité.

Un terreautage, à l'aide de compost, peut grandement améliorer le sol d'une pelouse.

POUR ACCÉLÉRER
En étendant 50 litres de thé de compost oxygéné par 100 m² (5 gal /acre) on peut accélérer la cure de santé du sol et ramener l'équilibre biologique au sein du sol plus rapidement.

UN PEU PLUS DE PATIENCE
Un sol qui a reçu des traitements réguliers d'engrais et de pesticides de synthèse pendant de nombreuses années a une activité biologique réduite, voire inexistante. Il prend donc plus de temps pour se régénérer.

8) vaporisation de la pelouse avec du thé de compost au moins trois fois dans la saison ;

9) affûtage régulier (toutes les 25 heures d'utilisation) de la lame de la tondeuse ;

10) modification graduelle de la hauteur de coupe de façon à ce qu'on atteigne 7,5 cm (± 3"). Dans tous les cas, il ne faut jamais tondre en coupant plus que le tiers du gazon à la fois ;

11) mise en pratique des principes de l'herbicyclage, afin de permettre le recyclage de l'azote, de l'eau et des autres éléments nutritifs contenus dans les rognures de gazon ;

12) modification des habitudes d'arrosage afin d'apporter de l'eau peu souvent, mais en profondeur, afin de favoriser un enracinement plus profond du gazon ;

13) fertilisation avec un engrais 100 % naturel ou amendement du sol pour compenser les carences et les déséquilibres décelés par les analyses de sol.

Pour obtenir des résultats intéressants, il faut répéter cette procédure chaque année, pendant au moins deux ou trois ans.

De la pelouse sans pesticide à l'écopelouse

Dans les faits il est plus facile de transformer une pelouse sans pesticide en écopelouse, qu'une pelouse industrielle en pelouse sans pesticide. La transformation est d'autant plus facile que la pelouse sans pesticide n'a pas trop de chaume et d'herbes indésirables. La composition de la pelouse en pâturin du Kentucky, qu'il soit seul ou en mélange, a peu d'importance. Voici comment s'y prendre :

1) on observe la pelouse pour identifier les espèces de graminées et les autres plantes présentes ;

2) on analyse le sol grâce aux tests maison, à l'observation des plantes indicatrices ou aux analyses de laboratoires ;

3) on fait une aération si le sol est compact ou si le chaume est important ;

UN TAUX INTOLÉRABLE
Si la pelouse contient plus de 50 à 60 % de plantes indésirables, il vaut mieux tout recommencer.

4) on fertilise avec un engrais 100 % naturel et on amende le sol en tenant compte à la fois des résultats d'analyse et des besoins des espèces en place ou de celles qui seront ajoutées ;

5) on terreaute à l'aide de compost de qualité ou on vaporise avec du thé de compost ;

6) on effectue un sursemis avec un mélange de graminées et de plantes à larges feuilles peu exigeantes qui sont adaptées aux conditions du site. On peut aussi repiquer des petits plants de végétaux peu exigeants (thym, camomille, achillée, etc.).

Il faut parfois remettre en état une pelouse délaissée.

Comme dans le cas précédent, on répète ces opérations chaque année, pendant deux à trois ans.

Régénérer une pelouse mal en point

Si une pelouse a été négligée ou mal traitée (compaction, pesticides, etc.), il est possible de la régénérer sans devoir recommencer à neuf.

Que la pelouse contienne 20, 30 ou 40 % d'adventices ou autres plantes à larges feuilles, si le but est d'obtenir une pelouse plus fournie qui demande moins d'entretien, voici ce qu'il faut faire :

1) identifier les plantes que l'on considère comme indésirables ;

2) évaluer leur nombre et cerner les conditions propices à leur établissement ;

3) procéder à l'arrachage manuel des plantes que l'on ne désire pas conserver ;

4) mettre en place les pratiques culturales et agronomiques qui empêcheront leur retour comme indiqué dans les chapitres précédents ;

5) effectuer un sursemis avec un mélange (graminées, trèfle, etc.) adapté aux conditions du site et de ses attentes ;

6) éviter de recréer les conditions qui ont occasionné la dégradation de la pelouse.

Avant de mettre en place de nouvelles techniques culturales, il faut parfois commencer par réduire la quantité d'adventices.

À l'ombre, il est parfois mieux de remplacer la pelouse par des plantes adaptées.

La mousse et les fraisiers sauvages

Il arrive parfois qu'une pelouse soit envahie de mousse ou de fraisiers sauvages. Il est évident que cela indique que les conditions de sol sont inadéquates pour la pelouse.

La présence de fraisiers sauvages indique que le sol est plutôt acide, sablonneux, et qu'il est carencé en calcium et en phosphore. Toutefois, on les observe aussi sur les sols argileux et compacts, à faible teneur en matières organiques.

La mousse pousse dans les milieux ombragés, dans les sols compacts, mal drainés, humides, acides et carencés en N, P et Ca. Ce sont généralement les conditions qu'on observe près des conifères, ou dans les endroits semi-boisés ou du côté nord des maisons ou autres constructions.

Suivant le niveau d'envahissement, on modifie l'environnement en ajoutant de la chaux, en désherbant et en faisant un sursemis. Une bonne solution consiste carrément à remplacer la pelouse par des végétaux adaptés à ces conditions. La mousse s'associe facilement aux fougères et aux hostas.

UNE AUTRE MÉTHODE

Comme il est parfois difficile de trouver des plateaux de cellules de thym, Majella Larochelle (www.mlarochelle.net), un horticulteur chevronné, offre une alternative. Il propose un mélange de semences et de vermiculite qu'il suffit de semer sur un espace de 1 m x 1 m (3′ x 3′) dans 8 à 10 mm (± ¼″) de sol stérile. On l'entretient comme n'importe quel semis. Quatre à six semaines plus tard, on obtient un tapis qu'il est facile de découper en « cellules » de 3 cm x 3 cm (1″ x 1″). Il ne reste plus alors qu'à les repiquer.

Les talus et les endroits chauds et secs

Aménager un talus, ou un endroit où il fait chaud, avec du gazon n'est pas une bonne idée. Sur les talus on peut planter du thym, du lotier, des couvre-sol ou d'autres végétaux adaptés.

Si la pelouse est exposée au soleil ou que le sol est sec, comme les graminées de climat froid n'aiment pas ces conditions, on peut les associer ou les remplacer par du thym. Cette plante est le seul végétal rustique au Québec, autre que les graminées, qui supporte le piétinement modéré. Les thyms les plus fréquemment utilisés sont le thym serpolet et le thym laineux.

L'établissement de thym dans la pelouse à partir de semences est difficile (conditions de germination inadéquates) et coûteux (prix des semences). Il faut donc recourir au repiquage de jeunes plants. On se procure donc des plateaux de multicellules. Certaines jardineries les offrent en plateau composé de pots de 5 cm (2"). On repique les plants dans la pelouse tous les 20 à 23 cm (8 à 9"). Pour une meilleure reprise, on ajoute des mycorhizes ou de la poudre d'os dans le trou de plantation.

Le thym est maintenant vendu en plateau.

Il existe plusieurs espèces de graminées et de plantes pour réaliser un gazon de qualité.

Bien choisir les plantes pour la pelouse

La pelouse industrielle est constituée à 100% de pâturin du Kentucky. Dans une pelouse sans pesticide, plusieurs choix de graminées sont possibles et on peut même y intégrer du trèfle. Dans une écopelouse les choix sont multiples. Ils vont des graminées peu exigeantes aux plantes à larges feuilles. C'est donc dire qu'il faut commencer par choisir son type de gestion de pelouse, ses besoins et ses attentes avant de sélectionner les plantes.

Lors du choix, il faut se rappeler que les graminées utilisées au Québec sont des plantes de climat froid. Elles poussent activement au printemps et à l'automne. Ce sont donc à ces époques que les interventions culturales doivent être effectuées. C'est ainsi que les graminées récupèrent des stress occasionnés par la chaleur.

Les graminées

Les caractéristiques décrites dans les pages qui suivent le sont pour des plantes établies. À la germination et durant les premiers mois, les jeunes plants ont des besoins plus importants en eau et en engrais.

LES FÉTUQUES FINES

Les fétuques Chewing, Durette et rouge traçante nécessitent peu d'eau et de fertilisation (0,5 à 1 kg/100 m^2/an d'azote [1 à 2 lb/1 000 pi^2/an]). Elles auraient aussi la capacité de réprimer la germination des adventices comme la digitaire et le pissenlit.

Choisir les espèces adaptées aux utilisations prévues et aux conditions environnementales du site est un gage de réussite.

Fétuque rouge traçante
(*Festuca rubra*)

De texture fine, elle se propage par petits rhizomes. Rustique, elle tolère bien la sécheresse, et plus ou moins bien le piétinement (récupération difficile). Elle pousse au soleil, à la mi-ombre ou à l'ombre dans un sol pauvre et léger. Les excès d'eau et d'engrais augmentent sa susceptibilité aux maladies. Elle s'associe bien au pâturin du Kentucky et au ray-grass vivace pour les sites au soleil ou à la mi-ombre. Germination en 13 à 15 jours.

Fétuque Chewing
(*Festuca rubra commutata*)
et fétuque Durette
(*Festuca ovina duretta*)

De croissance lente, elles sont idéales pour les sites où l'entretien est minimal, car elles peuvent ne pas être tondues. Elles ont une texture fine, se propagent par touffes et sont rustiques. Elles poussent au soleil, à la mi-ombre ou à l'ombre dans les sols pauvres, sablonneux et acides. Très tolérantes à la sécheresse, elles sont sensibles aux excès d'eau. Germination en 13 à 15 jours.

Fétuque élevée
(*Festuca arundinacea*)

Plante de grande taille à la texture rude, elle se propage par touffes. Peu rustique, elle tolère les sécheresses et le piétinement. Elle est idéale pour les pelouses à entretien minimal en sols pauvres, sablonneux, peu fertiles, du soleil à l'ombre. Elle doit être utilisée en mélange. Fertilisation : 0,5 à 1 kg/100 m²/an (1 à 2 lb/1 000 pi²/an) d'azote. Germination en 7 à 10 jours.

Pâturin du Canada
(*Poa compressa*)

Ce pâturin a une bonne tolérance à la sécheresse. Il pousse au soleil à la mi-ombre dans les sols pauvres, compacts, sablonneux et drainés. Il s'adapte aux conditions humides et sèches.

Pâturin commun
(*Poa trivialis*)

De texture rude, il se propage par stolons. Rustique, peu tolérant à la sécheresse, il est adapté aux sols humides et frais et aux sites ombragés. Il est utilisé dans les mélanges ombre ou ombre intense.

Pâturin annuel
(*Poa annua*)

Ce pâturin, qui se propage par rhizomes, s'établit de lui-même et est généralement considéré comme une « mauvaise herbe », mais pas dans une écopelouse. Adapté aux tontes courtes, il convient à plusieurs types de sols.

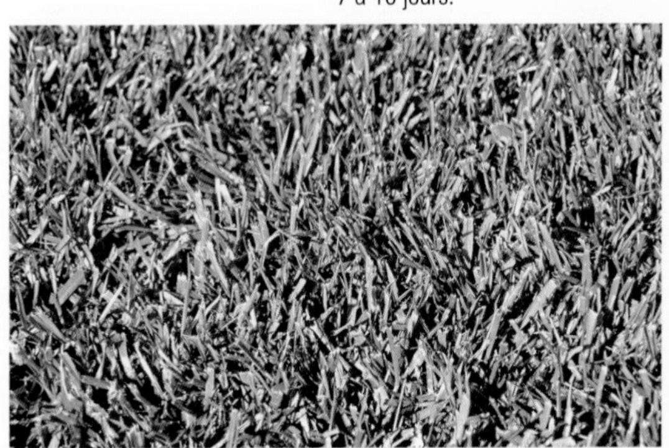

Pâturin du Kentucky (*Poa pratensis*)

Connu sous le nom de pâturin du Kentucky, son vrai nom français est pâturin des prés. De texture moyenne, il se propage par rhizomes. Rustique, il est tolérant au piétinement et à la sécheresse passagère. Il pousse au soleil ou à l'ombre légère dans les sols moyennement fertiles et bien drainés. Très susceptible aux maladies et aux insectes, il se mélange bien aux fétuques fines et aux ray-grass vivaces. Fertilisation : 1 à 2 kg/100 m²/an (2 à 4,5 lb/1 000 pi²/an) d'azote. Germination en 21 à 28 jours.

MIL (*PHLEUM PRATENSE*)

De texture rude il est très rustique et peu exigeant en azote. Il s'adapte à plusieurs types de sols (légers ou lourds) au soleil. Germination en 8 jours.

RAY-GRASS VIVACE (*LOLIUM PERENNE*)

De texture moyenne, il se propage par touffes, vit d'une à deux saisons, mais a une bonne capacité de régénération. Peu rustique, il tolère la chaleur, le piétinement et le compactage du sol. Il s'adapte à plusieurs types de sols (légers ou lourds) et croît au soleil ou à la mi-ombre, Il est moyennement exigeant en eau. Fertilisation: 0,8 à 1,5 kg/100 m^2/an (1,5 à 3 lb/1 000 pi^2/an) d'azote. Germination en 5 à 10 jours.

LES AGROSTIDES

Graminées de textures très fines, elles doivent être tondues très courtes. Leur utilisation est réservée aux gazons grand prestige.

Les légumineuses

TRÈFLE BLANC (*TRIFOLIUM REPENS*)

Autrefois présent dans toutes les pelouses, il a été éliminé par l'utilisation généralisée des herbicides. Plante améliorante, les microorganismes contenus dans les nodules des racines fixent l'azote de l'air et contribuent à améliorer la fertilité du sol. Plante à feuilles larges (peut être glissante) et à croissance lente, il se propage par stolons. Rustique sous couvert de neige, il tolère très bien les sécheresses. Il croît au soleil ou à la mi-ombre, s'adapte aux sols pauvres, mais préfère ceux qui sont frais. Très compétitif dans les sols pauvres en azote, il peut devenir dominant. Aucune fertilisation en azote. Ne pas tondre trop court.

LOTIER CORNICULÉ (*LOTUS CORNICULATUS*)

Cette plante au port rampant, qui porte des fleurs jaunes, se propage par stolons et n'a pas besoin de tonte. Rustique, sa tolérance à la sécheresse est très bonne. Son établissement très lent peut prendre jusqu'à deux ans. Attention, il peut devenir envahissant.

Encore plus de choix

Dans le cas des écopelouses, il est possible d'ajouter des plantes autres que des graminées ou des légumineuses.

ACHILLÉE MILLEFEUILLE (*ACHILLEA MILLEFOLIUM*)

De texture fine lorsque tondue, elle se propage par stolons. Rustique et indigène, elle pousse en sol pauvre, léger ou lourd, au soleil ou à la mi-ombre. Elle est tolérante au piétinement et à la sécheresse. Particulièrement intéressante pour les chalets et le bord de l'eau. Il faut mélanger les graines avec du sable avant de semer.

ATTENTION

Pour éviter que les achillées n'étouffent la pelouse, il faut s'assurer de tondre haut et de fertiliser (compost, engrais naturels) de temps à autrePour éviter les débordements dans les plates-bandes ou chez les voisins, on installe des bordures.

Thym (*Thymus* sp.)

De texture très fine, ces plantes portent un feuillage vert pâle à vert foncé (qui verdit tardivement au printemps) et des fleurs blanc rose à mauves.

Tolérant bien, ou plus ou moins (selon les espèces), le froid, elles supportent très bien la chaleur et la sécheresse et passablement bien le piétinement ou le compactage. Elles préfèrent les sols sablonneux à rocailleux ou sablo-argileux, secs, au plein soleil. On évite de les fertiliser (on fait seulement une addition de phosphore à l'établissement) et de les arroser. La germination des graines est lente.

Le thym laineux (*Thymus pseudolanuginosus*) est bien adapté à l'établissement d'une écopelouse. Le thym serpolet (*Thymus serpyllum*), peu coûteux, est recommandé pour un ajout à une pelouse de graminées existante. Pour l'implantation, voir le chapitre *De la pelouse industrielle… à l'écopelouse*.

Camomille romaine (*Chamaemelum nobile*)

De texture fine, la camomille romaine est tolérante à la sécheresse et au piétinement léger. Elle se plaît bien au soleil dans les sols légers, bien drainés. Elle peut être semée directement dans la pelouse ou repiquée. Pour de meilleurs résultats, on mélange les semences à du sable et on sème dans un gazon coupé court. Pour éviter qu'elle ne fleurisse, on tond à un maximum de 7 ou 8 cm (± 3") afin de garder les plants trapus.

Camomille anglaise (*Chamaemelum nobile treneague*)

Cette variété sans fleurs de la camomille romaine a une texture fine. Tout comme sa cousine, une fois bien établie, elle est tolérante à la sécheresse et au piétinement léger. Elle préfère les sols légers, bien drainés, ensoleillés ou à l'ombre légère. Vendus seulement en plants ou en plateaux de multicellules, on repique les plants directement dans la pelouse existante. Peu compétitive, si la camomille anglaise est submergée par les graminées, on peut la diviser et la repiquer. On la tond à un maximum de 7 à 8 cm (± 3") de hauteur pour garder les plants trapus. On fertilise avec du phosphore à la plantation. Les fertilisations tous les deux ans sont légères.

Les endophytes

Ces champignons microscopiques croissent à l'intérieur des graminées où elles vivent. En plus de rendre la plante toxique et répulsive pour les insectes ravageurs, les endophytes lui donnent plus de vigueur et plus de résistances aux stress hydriques et nutritionnels. Ils ne sont pas efficaces contre les vers blancs.

Attention, les alcaloïdes produits par les endophytes sont toxiques pour le bétail, les chevaux et autres animaux qui se nourrissent de graminées. On ne sait toujours pas s'ils affectent les chiens et les chats. Sur le marché, on trouve des variétés de fétuques fines, de fétuques élevées et de ray-grass vivaces avec des endophytes.

Avec les écomélanges, entretenir sa pelouse devient un jeu d'enfant.

Exemples de mélange pour les pelouses

AU SOLEIL À ENTRETIEN MOYEN

Pâturin du Kentucky	40 %
Fétuque rouge traçante	40 %
Ray-grass vivace	20 %

Fétuque rouge traçante	35 %
Ray-grass vivace	35 %
Pâturin du Kentucky	30 %

Fétuques fines	50 %
Ray-grass vivace	30 %
Pâturin du Kentucky	20 %

AU SOLEIL GERMINATION RAPIDE

Fétuques fines	30 %
Ray-grass vivace	48 %
Pâturin du Kentucky	22 %

AU SOLEIL ENTRETIEN MINIMAL

Fétuques fines (rouge traçante, ovine, Durette, Chewing)	100 %

Fétuques fines	70 %
Pâturin du Kentucky	14 %
Ray-grass vivace	13 %
Trèfle blanc	3 %

Fétuque rouge traçante	40 %
Ray-grass vivace	30 %
Pâturin du Kentucky	10 %
Fétuque rouge semi-traçante	15 %
Trèfle blanc	5 %

ENTRETIEN MINIMAL À L'OMBRE

Fétuques fines (rouge traçante, ovine, Durette, Chewing)	100 %

Fétuques fines	55 %
Ray-grass vivace	30 %
Pâturin commun	15 %

Plantes bienvenues ou tolérées dans l'écopelouse

Achillée millefeuille
Agrostide blanche
Digitaire
Fraisier sauvage
Lierre terrestre
Lotier corniculé
Lupuline
Mouron des oiseaux
Oxalide d'Europe
Pâturin annuel
Pâturin commun
Petite oseille
Pissenlit
Plantain majeur
Renouée des oiseaux
Trèfle alsike
Trèfle blanc

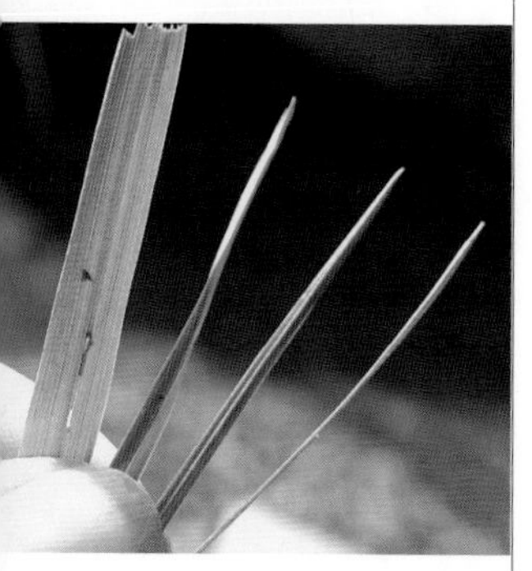

Amendements et engrais sont nécessaires à la culture de la pelouse industrielle et de la pelouse sans pesticide et parfois à la culture de l'écopelouse.

Choisir le bon fertilisant

PRINCIPALEMENT POUR LA PELOUSE INDUSTRIELLE et la pelouse sans pesticide, et dans une moindre mesure pour l'écopelouse, on a recours à des fertilisants et à des amendements. Ils sont de quatre types :

- les amendements organiques (compost, etc.) ;
- les amendements minéraux (chaux, phosphate de roche, etc.) ;
- les engrais naturels ;
- les biostimulants.

Amendement

Substance d'origine organique ou minérale que l'on incorpore au sol afin d'en améliorer ou d'en conserver les propriétés physiques, chimiques et biologiques.

Quand on utilise des amendements, il faut toujours ajuster la fertilisation en fonction de ces ajouts puisque les amendements fournissent aussi des éléments nutritifs. On fait alors d'une pierre deux coups !

Les amendements organiques

Ils incluent les rognures de gazon, les feuilles mortes broyées, le compost et les fumiers compostés.

Les feuilles mortes broyées

Il est facile de bénéficier des bienfaits des feuilles mortes sur une pelouse. Il suffit de passer une tondeuse déchiqueteuse, ou une tondeuse régulière, au fur et à mesure que les

Les feuilles mortes broyées sont une excellente source de carbone.

QUALITÉS D'UN BON COMPOST BIEN MÛR
Il ressemble à de la belle terre riche et brune, sa texture est fine et il sent le sous-bois.

feuilles tombent ou d'attendre qu'elles atteignent une épaisseur maximum de 12 cm (5"). Au printemps, les feuilles non décomposées sont balayées dans les plates-bandes ou mises au compost.

Le compost

Quel est le meilleur compost ? La réponse n'est pas évidente puisque, malgré certaines balises, il n'existe aucun règlement obligeant les fabricants à indiquer avec précision la composition du compost qu'ils vendent.

Si on a les matériaux de base, l'espace et les connaissances nécessaires pour le faire soi-même, le meilleur compost est le compost maison. Cependant, pour qu'il puisse être utilisé sur la pelouse, il doit avoir subi une phase thermophile à au moins 60 °C afin que les organismes pathogènes soient détruits et la capacité de germer des graines d'adventices et de mauvaises herbes désactivée.

Les composts offerts par les villes, généralement préparés à partir de feuilles, sont normalement de bonne qualité.

QUALITÉS D'UN MAUVAIS COMPOST
On peut y identifier des matériaux utilisés (feuilles non décomposées, etc.), sa texture est grossière et son odeur est fétide (œufs pourris).

Pour les composts en vrac, on peut les toucher et les sentir, demander que le fournisseur produise un document de certification (compost certifié OMRI, BioCert, etc.) ou une analyse détaillée du produit (nature, % des matériaux, etc.).

Pour les composts en sacs, on prend le temps de lire les étiquettes et de comparer les produits. On recherche les sacs sur lesquels est inscrit un maximum d'information (résidus de crevettes, forestiers, fumier, chaux, etc.) et ceux qui portent un sceau de certification biologique.

Les amendements minéraux

CE QU'ON NE VEUT PAS DANS UN COMPOST
Un pourcentage important de tourbe de sphaigne (*peat moss*) ou de terre noire et la présence de biosolides, car ils pourraient contenir des métaux lourds, même des organismes pathogènes.

Ils sont utilisés pour corriger ou améliorer certaines propriétés physicochimiques du sol. Leur utilisation a pour but d'améliorer les conditions de croissance et de permettre aux racines de croître dans un bon environnement et de mieux absorber les éléments nutritifs. Les principaux amendements minéraux sont la chaux, les cendres de bois, le gypse et le soufre. On utilise aussi le basalte, l'argile et le sable.

La chaux est un élément important pour modifier le pH d'un sol.

La chaux

Elle est issue de la transformation mécanique de la pierre à chaux. Composée en majeure partie de carbonate de calcium ($CaCO_3$), c'est sa concentration en carbonate de magnésium ($MgCO_3$) qui détermine son appellation.

La chaux est principalement utilisée pour augmenter le pH. La chaux dolomitique est utilisée dans les sols carencés en magnésium. Attention aux excès de magnésium dans les sols à tendance argileuse. Pour ces cas, c'est principalement la chaux calcique qui doit être étendue.

Bien que la chaux puisse être appliquée à n'importe quel moment de l'année, la période la plus propice est l'automne. Pour être efficace, on doit l'étendre lors d'une aération du sol et d'un terreautage.

LES DIFFÉRENTS TYPES DE CHAUX

CHAUX CALCIQUE
(0 à 4,9% de $MgCO_3$)
CHAUX MAGNÉSIENNE
(5 à 19,9% de $MgCO_3$)
CHAUX DOLOMITIQUE
(20% et + de $MgCO_3$)

Effets bénéfiques du chaulage dans les sols de pH inférieur à 7

- *Augmente la disponibilité des éléments nutritifs dans le sol et améliore l'efficacité des fertilisants.*
- *Diminue la toxicité de l'aluminium et du manganèse.*
- *Favorise le développement de l'activité biologique.*
- *Accroî la vitesse de décomposition de la matière organique.*
- *Favorise la croissance du système radiculaire.*
- *Améliore la résistance du gazon aux stress, aux maladies et aux insectes ravageurs.*
- *Améliore la structure du sol.*

Des effets plus rapides

Pour profiter plus rapidement des effets bénéfiques de la chaux, on peut l'incorporer dans le compost lors de la mise en tas. Les microorganismes se chargeront de rendre disponible le calcium.

Les cendres de bois doivent provenir de bois naturel et non traité.

Les cendres de bois

Elles sont généralement ajoutées au sol pour faire augmenter le pH. Elles fournissent aussi une panoplie d'oligo-éléments, ainsi que des quantités non négligeables de calcium, de magnésium, de phosphore et de potassium.

Attention, l'ajout de quantités importantes de cendres peut faire rapidement augmenter le pH et rendre le sol alcalin, bloquant ainsi l'absorption de certains éléments nutritifs et stoppant l'activité biologique du sol.

Lors de l'utilisation des cendres de bois sur une pelouse, suivre les consignes suivantes :

- ne jamais les utiliser sur le sol dont le pH est de 6,8 et plus ;
- ne pas utiliser plus de 10 kg/100 m^2 (20 lb/1 000 pi^2) à la fois ;
- sur un sol sablonneux, fractionner la quantité en deux et épandre une moitié au printemps et l'autre à l'automne ;
- utiliser de la cendre de bois franc, jamais celle provenant de bois traité ou peint ;
- ne jamais appliquer de la cendre sur un semis ;
- si le sol est riche en potassium, s'assurer de ne pas créer d'excès ;
- étendre sur le sol au printemps et laisser la pluie (légère) la faire pénétrer dans le sol.

Le gypse

Le gypse est obtenu par broyage.

Ce dépôt minéral associé aux roches sédimentaires contient en général 22 % de sulfate de calcium et 17 % de soufre. Le gypse est utile pour ajouter du calcium dans des sols dont le pH est déjà adéquat. Son action est rapide. Il est tout particulièrement efficace pour déloger les sels de déglaçage des sols. Il doit être appliqué au printemps ou pendant la saison de croissance.

Le soufre

Cet élément minéral est utilisé pour acidifier le sol. Il peut être en poudre (soufre microfin) ou en granules. Son activité est généralement lente, mais elle est accélérée par un sol où l'activité biologique est importante, le taux de matières organiques adéquat et lorsque les températures sont chaudes. On épand le soufre au mois de mai. Pour réduire la valeur de pH d'une unité, dans un sol sablonneux à sablo-limoneux, on ajoute 4 kg/100 m² (8 lb/1 000 pi²).

Les engrais naturels

Il existe une grande variété de produits 100% naturels sur le marché.

Il existe une panoplie de substances naturelles pouvant être utilisées pour fabriquer des engrais naturels. Celles-ci peuvent provenir de sources animales, végétales ou minérales. On peut les regrouper par sources d'apports :

- sources d'azote (N) : farine de sang, de plumes ou de poissons et crevettes ; gluten de maïs ; tourteaux de soya ou de coton ; luzerne séchée ; fumier de poule ou de mouton ; compost ;
- sources de phosphore (P) : phosphate de roche, poudre d'os, os minéral ou os fossile, farine de poissons ou de sang, tourteaux de coton ou de soya, fumier de poule ;
- sources de potassium (K) : Sulpomag, mica, algues, cendre de bois ;
- sources de calcium (Ca) : chaux calcique ou dolomitique, cendre de bois, gypse, fumier de poule.

La plupart des engrais naturels vendus sur le marché sont élaborés à partir de ces produits. Avant d'acheter, bien lire la liste des ingrédients. Ne pas acheter des produits ayant la mention « biosolide ».

Des engrais gratuits

Produits	N	P	K	Ca	Mg	S
Marc de café*	2%	0,3%	0,3%	0,1%	0,1%	–
Rognures de gazon	4%	1%	3%	8%	3%	0,5%
Feuilles broyées	0,8%	0,4%	0,2%	–	–	–
Compost	1%	0,5%	1%	0,3%	0,2%	0,3%
Thé de compost	Varie selon le type de catalyseur ajouté					
Cendre de bois	–	2%	6%	20%	1%	–

Note : en % des éléments nutritifs disponibles

* le café moulu restant après percolation. Attention, il peut être acidifiant.

Source : *The organic lawn care manual*, 2007

C'est grâce à des appareils commerciaux comme celui-ci qu'on peut fabriquer du thé de compost oxygéné.

Les biostimulants

D'introduction récente sur le marché, ce sont des produits d'origine biologique qui favorisent la croissance et le développement des plantes.

Les thés de compost

Ces versions liquides du compost permettent de fournir facilement (transport, manipulation, etc., plus faciles) des microorganismes bénéfiques et des éléments nutritifs au sol. Il en existe deux types.

Le purin de compost

On le fabrique en trempant un sac de jute ou de toile rempli de compost dans un bac d'eau. On remue de temps à autre jusqu'à ce que le liquide prenne la teinte d'un thé plus ou moins brun foncé. Une fois filtré, on peut en arroser les racines des plantes ou le vaporiser sur le feuillage.

DES EFFETS PROTECTEURS
Selon les promoteurs du thé de compost oxygéné, son utilisation protège les végétaux contre les agents pathogènes présents sur le feuillage et dans le sol.

Le thé de compost oxygéné

Cette méthode consiste à faire macérer du compost dans de l'eau constamment brassée (à l'aide d'un malaxeur) et oxygénée à l'aide d'air sous pression à laquelle on a ajouté un catalyseur (nourriture). Stimulés par l'oxygène et la nourriture, les microorganismes bénéfiques présents dans le compost vont se multiplier pendant 24 heures. De plus, les éléments nutritifs sont extraits. La solution est ensuite diluée pour être appliquée sur les pelouses.

Il faut appliquer le thé de compost dans les heures qui suivent sa fabrication.

UNE PETITE DOSE DE VITAMINES

Les thés de compost peuvent être vaporisés sur le feuillage du gazon, ou d'autres végétaux, idéalement le matin durant toute la période de croissance.

Les avantages du thé de compost oxygéné

- *Augmente la population des microorganismes dans le sol.*
- *Intensifie l'activité biologique du sol.*
- *Accroît la minéralisation de l'humus.*
- *Fournit des éléments nutritifs aux plantes.*
- *Améliore la structure et la porosité.*
- *Protège les racines et le feuillage contre les maladies grâce à la compétition microbienne.*
- *Contribue à la vitalité et la santé des plantes.*
- *Permet un meilleur établissement et une meilleure reprise à la transplantation.*
- *Renforce la résistance aux stress.*

Les mycorhizes

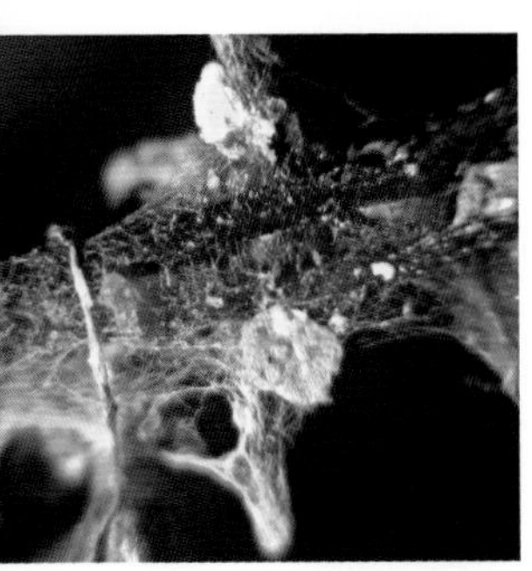

Mycorhizes vues au microscope

Dans la nature, la plupart des racines des végétaux croissent en symbiose avec des champignons que l'on nomme mycorhizes. Ceux-ci fouillent le sol environnant pour trouver de l'eau et des éléments nutritifs pour la plante, dont le phosphore qui est peu mobile dans le sol, l'azote, le potassium et le zinc.

Dans un sol vivant et en santé, les mycorhizes sont normalement présentes. Il n'y a donc pas lieu d'en ajouter. Par contre, quand on met en place une nouvelle pelouse ou encore que l'on transforme ou rénove une pelouse existante, l'ajout de mycorhizes est recommandé. Au Québec on utilise principalement l'espèce *Glomus intraradices* du groupe des endomycorhizes.

Avantages à utiliser des mycorhizes

- *Amélioration de la structure du sol.*
- *Meilleure absorption des éléments nutritifs.*
- *Absorption accrue de l'eau disponible dans le sol par les plantes, donc réduction des besoins en arrosage.*
- *Meilleure tolérance aux sécheresses et aux chaleurs.*
- *Meilleure germination des semis.*
- *Meilleure reprise du gazon en plaque ou des végétaux repiqués.*

À droite les graminées ont reçu des mycorhizes alors que celles de gauche n'en ont pas reçu.

DES ENGRAIS 100 % NATURELS S.V.P.

Attention, les mycorhizes sont sensibles aux engrais de synthèse. Seuls les engrais 100 % naturels ne compromettent pas leur développement.

Mycorhizes et phosphore

Quand un sol contient des mycorhizes, on peut réduire jusqu'à 50 % la quantité de phosphore nécessaire à la croissance des plantes. De plus, l'absorption du phosphore par les plantes avec mycorhizes peut être de trois à cinq fois supérieure à des racines sans mycorhizes. Il est donc tout indiqué d'ajouter des mycorhizes sur les terrains situés au bord des lacs.

Les algues ou extraits d'algues

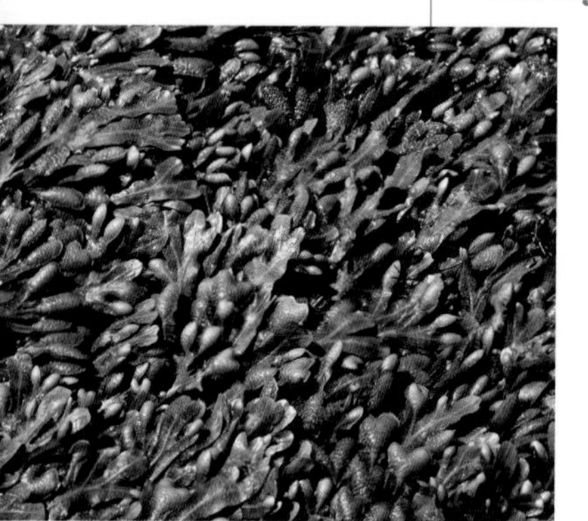

Les substances obtenues à partir des algues sont reconnues pour accélérer la germination des semis.

On connaît les vertus des algues (présence d'oligo-éléments, hormones, enzymes et antibiotiques) depuis de nombreuses années. Au Québec, les algues marines (*Ascophyllum nodosum*) sont utilisées pour fabriquer des biostimulants.

Les extraits d'algues sont particulièrement intéressants lors du semis. Selon des données récentes, des semences trempées dans une telle solution affichaient :

- une germination plus rapide et plus de racines ;
- des tiges fortes ;
- un taux de survie élevé ;
- une réduction du choc de transplantation ;
- une croissance importante des racines.

Composition des algues

Macroéléments :
N : 0,5 % – P : 0,2 % – K : 17 % – Mg : 0,2 % – Ca : 0,3 %.

Oligo-éléments :
Manganèse : 8 ppm, Cuivre : 1 ppm, Zinc : 25 ppm.

Hormones de croissance : auxines, cytokinines, gibbérélines.

Antibiotiques : protègent les plantes contre les ravageurs.

RECHERCHER LES PRODUITS FRAIS
Comme les hormones de croissance ont tendance à se dégrader dans les mois qui suivent leur mise en marché, il faut s'assurer d'acheter des produits frais (vérifier s'il y a une date de péremption).

C'est pour toutes ces raisons qu'au moment d'établir une pelouse, on utilise les algues en vaporisation liquide sur les semences, une fois le semis fait, avant d'effectuer un léger terreautage avec du compost.

Lors de la pose de gazon en plaque, on suggère d'épandre une fine couche d'extraits d'algues granulaires ou d'effectuer une vaporisation d'extraits d'algues liquides, sur le sol humide, juste avant de dérouler les rouleaux de gazon.

Les vaporisations d'extraits algues sous forme liquide doivent faire partie de la régie écologique de toute pelouse. Contrairement aux engrais, elles peuvent être vaporisées entre les mois de juin et août. Les applications à l'automne sont conseillées, car elles augmentent ainsi la résistance aux dommages du gel et contribuent à une meilleure reprise au printemps.

Engrais-biostimulant lactofermenté

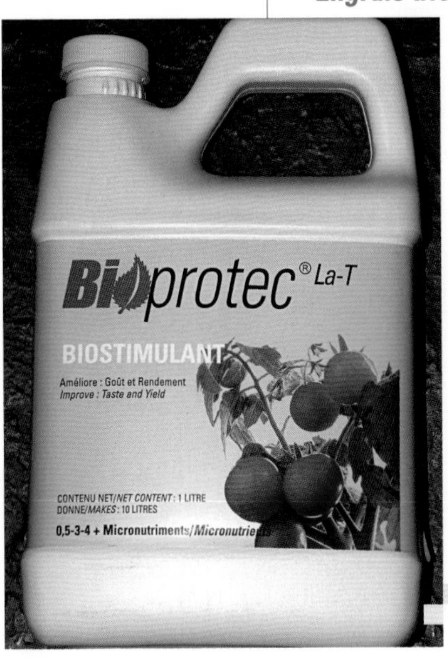

Ce biostimulant est fabriqué à partir de produits lactofermentés. Vendu sous le nom de Bioprotec La-T, il est utilisé en vaporisation sur le feuillage au crépuscule ou tôt le matin. On l'utilise tous les 14 à 21 jours et on augmente la fréquence en période de stress. C'est un produit certifié biologique et OMRI (*Organic Materials Review Institute*).

Ce nouveau produit améliore la santé de la plante, stimule ses défenses naturelles, encourage la croissance et le développement des racines, augmente le taux de sucre, ce qui rend les plantes moins attrayantes pour les insectes ravageurs et les maladies.

Ce produit valorise les déchets générés par la fabrication de fromage.

COMPOSITION DE L'ENGRAIS-BIOSTIMULANT LACTOFERMENTÉ
MACROÉLÉMENTS :
N : 0,5 % – P : 1,2 % – K : 3,0 % – Mg : 998 ppm – Ca : 0,8 % – Soufre : 992 ppm.
OLIGO-ÉLÉMENTS :
Fer : 10 ppm – Manganèse : 3 ppm – Cuivre : 2 ppm – Zinc : 10 ppm.

*Dans une pelouse vivante et en santé,
les insectes bénéfiques contrôlent
les populations d'insectes ravageurs.*

Combattre les insectes ravageurs et les maladies

DANS UNE PELOUSE VIVANTE ET EN SANTÉ, les populations d'insectes ravageurs et les maladies sont contrôlées par les insectes et les microorganismes bénéfiques présents dans l'écosystème. L'existence de populations importantes d'insectes ravageurs ou de maladies dans la pelouse est donc un signe que l'équilibre naturel est rompu. Les chapitres précédents ont démontré que ce déséquilibre était, le plus souvent, dû à de mauvaises pratiques. C'est pourquoi si ce chapitre présente les symptômes que provoquent les ravageurs, il s'intéresse surtout aux causes.

Face à un problème d'insectes ravageurs ou de maladie, il faut constater les symptômes, identifier le ravageur, diagnostiquer les causes, réduire le nombre d'insectes ravageurs ou les maladies en utilisant des techniques ou des produits à faible impact et finalement corriger les facteurs causant le déséquilibre.

Les insectes ravageurs

On classe les insectes ravageurs de la pelouse en trois catégories. Ceux qui se nourrissent au niveau des racines ; ceux qui se nourrissent au niveau des couronnes et des tiges ; ceux qui se nourrissent au niveau des feuilles. S'il est facile d'identifier les insectes ravageurs qui s'attaquent aux feuilles et aux tiges, pour diagnostiquer ceux s'attaquant aux racines, il faut creuser le sol sous la pelouse.

La punaise velue

Symptômes

Entre le début juillet à la fin du mois d'août apparaissent des plaques, plus ou moins circulaires, jaunes puis brunâtres. Si on n'intervient pas, toute la surface de la pelouse peut devenir jaune. Dans une pelouse en santé, les petites

Dommages occasionnés par les punaises velues.

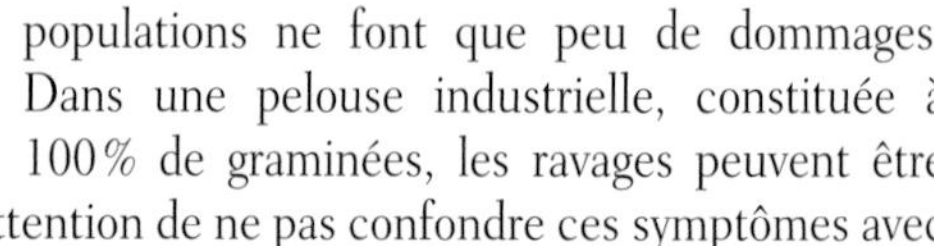

populations ne font que peu de dommages. Dans une pelouse industrielle, constituée à 100 % de graminées, les ravages peuvent être majeurs. Attention de ne pas confondre ces symptômes avec ceux d'une dormance des graminées.

Identification et dépistage

Ces symptômes sont dus à la présence des punaises velues (*Blissus leucopterus hirtus*), des insectes de type piqueur-suceur qui se nourrissent de la sève des brins d'herbe, au niveau du collet et de la tige. Ces petits insectes mesurent de 3 à 4 mm (1⁄5") au stade adulte. On distingue les premiers stades immatures par leurs petites tailles (1 mm) et leurs couleurs rouge vif. C'est au stade adulte que l'insecte fait ses dégâts. Il est alors pourvu d'une paire d'ailes de couleur pâle marquée d'un X.

Durant l'été, il faut parfois faire un dépistage de la punaise velue.

Pour dépister ces insectes, à l'aide de la paume des mains, on écarte les brindilles de gazon au niveau de la couronne. On se concentre principalement sur le pourtour du gazon mort ou endommagé, car les punaises recherchent du gazon vert pour se nourrir. On fait un décompte rapide des individus présents. On répète l'opération de cinq à dix fois. Si on dénombre 100 à 200 punaises par mètre carré (10 à 20/1 pi^2), il y a lieu d'effectuer un traitement.

Les dommages sont plus importants en périodes de canicule et de sécheresse. Si on a déjà été envahi par des punaises velues, on commence le programme de dépistage dès la fin du mois de juin et on le poursuit durant les deux premières semaines de juillet.

Punaises velues immatures.

Causes et facteurs aggravants

Les punaises velues apparaissent sur une pelouse :

- très exposée au soleil et souffrant de sécheresse (sols sablonneux, faible taux de matières organiques, pente ou talus) ;
- entretenue de manière industrielle : monoculture de graminées, excès d'azote, tonte courte, utilisation d'engrais de synthèse, etc.

Les populations peuvent être plus importantes quand les adultes hivernent dans les débris végétaux.

Correctifs

La mise en place de bonnes pratiques culturales : engrais naturels, herbicyclage, tonte haute, santé du sol, etc., évite généralement l'apparition de punaises velues. Les pratiques reliées à une pelouse sans pesticide, et surtout à l'écopelouse, préviennent ce problème. Dans les endroits trop problématiques, on remplace la pelouse par du thym ou d'autres végétaux adaptés.

À très court terme, plusieurs interventions peuvent être faites :

- arrosage en profondeur des zones où se trouvent les punaises ;
- aspiration des punaises avec un aspirateur industriel. Cette méthode permet de contrôler aussi bien les adultes, les nymphes que les œufs. On amorce les interventions dès le mois de mai. On brosse vigoureusement le gazon à l'aide de la brosse de l'aspirateur sur un périmètre de 60 cm de largeur autour de la zone endommagée. Un peu d'eau savonneuse est ajoutée au fond de l'aspirateur pour tuer les punaises capturées.

Pour prévenir les problèmes de punaises velues, on tond haut et on sème du trèfle.

À court terme, on cherche à garder le sol humide en arrosant peu souvent, mais en profondeur. On pratique l'herbicyclage et on remplace la fertilisation par des vaporisations d'extraits d'algues ou autres biostimulants. Finalement, on augmente la hauteur de tonte du gazon à plus de 7 cm (2" ¾).

À moyen terme on réduit la présence de chaume, on terreaute avec du compost et on utilise des engrais naturels, on ajoute du trèfle et des graminées avec endophytes en pratiquant un sursemis. De plus, on ajuste le programme de fertilisation pour assurer un apport suffisant de potassium et de calcium et on utilise des pesticides à faible impact après dépistage.

FAVORISER LES ENNEMIS NATURELS

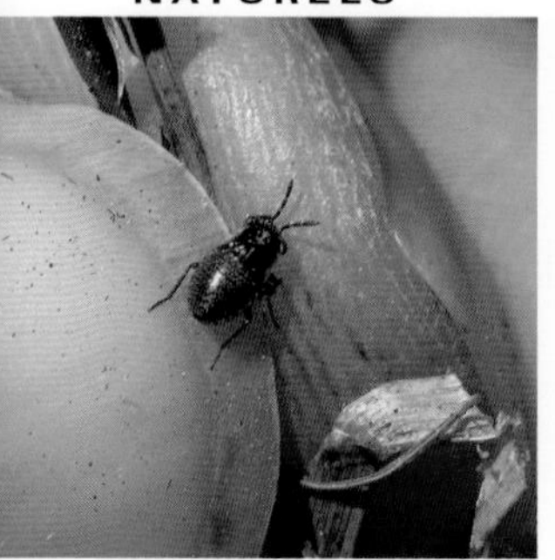

Les ennemis naturels des punaises velues sont les punaises géocorines, les acariens prédateurs et les guêpes parasites. Il faut donc éviter de les détruire en utilisant des pesticides.

Les pesticides à faible impact ne peuvent être utilisés qu'après un dépistage précoce et régulier, car c'est au stade immature que les punaises sont plus vulnérables. Dès que l'on constate la présence d'un nombre significatif de petites punaises rouge vif, on peut procéder au traitement des zones infestées. On utilise alors: savon insecticide, solution savonneuse maison, pyréthrines naturelles et savon (Trounce) ou EndAll2 ou du neem (USA).

Peu importe le produit utilisé, puisque les punaises se cachent dans le chaume et que ce dernier est difficile à humidifier, on utilise un grand volume de la solution et on arrose jusqu'à ce que toute l'épaisseur du chaume soit mouillée. Il faut répéter le traitement à raison d'un minimum de deux ou trois fois tous les cinq ou six jours. Pour faciliter la pénétration du produit, il est recommandé de faire le traitement après une pluie ou d'arroser quelques heures avant le traitement. On maintient ensuite le sol humide pendant quelques jours.

Préserver les alliés naturels

Il est déconseillé de faire des traitements préventifs, car l'utilisation d'insecticides chimiques ou à faible impact peut avoir des effets néfastes sur les populations d'organismes bénéfiques.

Les vers blancs

Dommages de vers blancs sur un talus.

Symptômes

Le gazon jauni peut être soulevé par plaques, comme si c'était un tapis. Parfois, il est labouré par des moufettes ou des ratons laveurs (qui se nourrissent des larves présentes dans le sol). On observe alors de petites mottes de pelouse soulevées. Les dommages sont surtout perceptibles au printemps ou en octobre et novembre. Ils sont aussi particulièrement apparents dans les gazons coupés courts et lors des sécheresses.

Identification et dépistage

Ces dégâts sont causés par des vers blancs qui mangent les racines et les rhizomes des graminées. Ces larves présentent un corps mou, en forme de C, avec une tête brune caractéristique qui contraste avec le corps blanchâtre

Les vers blancs se nourrissent des racines des graminées. Le gazon peut être soulevé par plaques.

muni de trois paires de pattes. Très petites à l'éclosion des œufs, elles atteignent jusqu'à 2 à 3 cm (± ¾") en fin de développement selon l'espèce.

Au Québec, les principales larves responsables de ces dégâts sont celles du hanneton européen (*Rhyzotrogus majalis*), un coléoptère brun roux mesurant 14 mm (moins de ¾") et, dans une moindre mesure, du scarabée japonais (*Popillia japonica*), un magnifique coléoptère à la carapace vert métallique et cuivre mesurant 8 à 11 mm (½"). Originaire du Japon, le cycle du scarabée japonais ressemble en tout point à celui du hanneton européen, mais à une exception : l'émergence des adultes et la ponte des femelles sont décalées de quelques semaines en juillet.

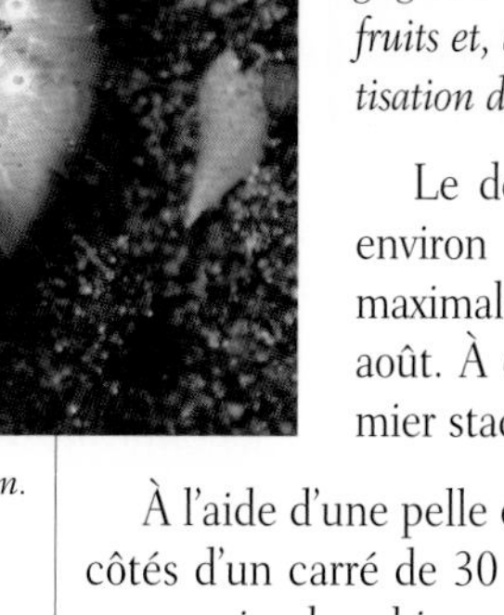

Larve de hanneton européen.

Les scarabées japonais

Ce qui rend ces insectes si redoutables, c'est qu'ils s'attaquent à plus de 250 plantes hôtes allant du rosier au tilleul. Insectes broyeurs, ils grignotent les parties tendres des végétaux et des fruits et, dans certains cas, provoquent la squelettisation des limbes de feuilles.

Le dépistage des vers blancs commence environ un mois après la période d'activité maximale des adultes. Donc à partir du début août. À cette époque, les larves sont au premier stade larvaire et sont minuscules.

À l'aide d'une pelle ou d'un couteau, on tranche les trois côtés d'un carré de 30 cm (1' x 1'). On relève la pelouse et on examine le sol jusqu'à une profondeur de plus ou moins 10 cm (4"). Plus le sol est sec, plus il faut creuser. Si le sol est humide, on observe généralement les larves à la jonction entre les racines et le sol. On refait l'exercice une dizaine de fois à des endroits différents et à chaque site d'échantillonnage, on compte le nombre de larves. Si on découvre plus de deux ou trois larves à chaque endroit où l'on a échantillonné et surtout si on habite dans un quartier où les vers blancs font des ravages, il faut intervenir pour contrer leur prolifération.

Causes et facteurs aggravants

Les vers blancs font leurs dégâts dans les pelouses industrielles. Ils sont beaucoup moins présents dans les pelouses sans pesticide et presque inexistants dans les écopelouses. Ce sont donc les méthodes culturales et la qualité du sol qui sont les causes de la présence importante de vers blancs.

Correctifs

Pour prévenir les dégâts de vers blancs, garder le gazon long et ajouter du trèfle.

Comme c'est le type de gestion qui est la cause de la présence des vers blancs, on adopte les méthodes de gestion d'une écopelouse pour éviter ce problème.

Durant la phase de conversion, on peut prévenir l'établissement de vers blancs dans la pelouse en modérant les apports d'azote et en augmentant les apports de phosphore et de calcium, en n'utilisant que des engrais 100 % naturels et en effectuant plusieurs vaporisations de biostimulants pendant l'été et à l'automne s'il y a des vers blancs dans les pelouses du voisinage. Les hannetons sont moins attirés et la pelouse résiste mieux à la présence de quelques vers blancs. On doit aussi terreauter avec du compost et tondre à une hauteur de plus de 7 cm (2" ¾). En plus de créer une barrière à la ponte des œufs, le gazon a des racines profondes qui résistent mieux au stress occasionné par le broutage des larves. Il tolère alors plus de dommages sans en souffrir et résiste mieux aux sécheresses. De plus, on adopte des pratiques qui empêchent la formation de chaume et on ajoute du trèfle à la pelouse.

En plus des moufettes, ratons laveurs et oiseaux, les vers blancs ont plusieurs ennemis naturels. Des insectes bénéfiques, comme les carabes et les fourmis, anéantissent les œufs et les larves de hanneton. Certaines guêpes et certaines mouches contribuent à limiter les populations. Plusieurs pathogènes, dont des nématodes, des champignons, des bactéries et des protozoaires, se nourrissent des larves. Il est donc important de maintenir les populations de prédateurs naturels élevées en évitant l'utilisation des pesticides, qu'ils soient chimiques ou naturels.

Les nématodes entomopathogènes (*Heterorhabditis bacteriophora*, etc.) sont un moyen de lutte biologique qui permet de réduire les populations de vers blancs dans les pelouses. Malheureusement, leur efficacité est limitée (ce n'est pas un pesticide). Même s'ils sont utilisés selon les règles de l'art, seuls, ils n'arrivent pas à tuer la majorité des vers blancs présents dans une pelouse. En fait, les nématodes doivent faire partie d'une stratégie de contrôle naturel et être utilisés en combinaison avec des pratiques culturales favorables.

Avant d'être appliqués, les nématodes doivent être dilués dans de l'eau à la température de la pièce. Ils doivent être utilisés dans la demi-heure qui suit.

Consignes pour l'application des nématodes

Ces organismes vivants doivent être réfrigérés avant leur utilisation, puis protégés contre les rayons UV, la chaleur et la dessiccation pendant leur application. Celle-ci se fait entre la mi-août et la mi-septembre lorsque les jeunes larves se nourrissent près de la surface. On applique la solution sur un sol humide, après un bon arrosage ou une pluie, en soirée ou par journée nuageuse. Les nématodes sont particulièrement actifs lorsque la température du sol atteint plus de 20 °C (68 °F)*. Ils sont inactifs et peu mobiles lorsque la température du sol est de moins de 14 °C* (57 °F)*. On achète le produit qui contient le plus grand nombre de nématodes* Heterorhabditis bacteriophora (50 *millions*) *et on traite toute la pelouse, pas seulement les zones affectées, en effectuant plusieurs passages.*

On garde ensuite le sol humide pendant au moins 10 jours, idéalement plus. Après l'application on vaporise la pelouse avec des extraits d'algues sous forme liquide pour accroître la résistance naturelle des graminées. On répète au besoin.

Le neem

Le neem (*azadirachtine*) *est un pesticide à faible impact à large spectre qui agit non seulement par contact, mais a un effet systémique, c'est-à-dire qu'il peut être absorbé par la plante et réparti dans ses tissus. Des recherches effectuées récemment par le Jardin botanique de Montréal ont conclu que le neem donnait des résultats prometteurs dans le contrôle des vers blancs. On sait que le neem peut avoir des propriétés répulsives, inhiber la croissance et agir comme poison. On soupçonne que les vers blancs consomment de l'azadirachtine en broutant les racines du gazon traité. Bien que ces recherches soient préliminaires, tout indique que le neem pourrait faire partie d'une stratégie de lutte naturelle. Malheureusement, le neem n'est toujours pas homologué au Canada comme insecticide, mais des produits de ce type sont vendus comme lustrant à feuilles dans les jardineries.*

PIÈGE À SCARABÉE JAPONAIS

Les pièges vendus dans le commerce utilisent des appâts pour attirer ces coléoptères. Dans de bonnes conditions, ils peuvent capturer jusqu'à 75 % des insectes volants. Toutefois, cette technique n'est efficace que lorsqu'il y a de nombreux pièges répartis dans un quartier ou dans une région affectée.

Les fourmis préfèrent s'installer dans les sols sablonneux.

Les fourmis

Symptômes, identification et dépistage

La présence de petits monticules sur le gazon indique qu'il s'agit de petites fourmis brunes, noires ou rouges qui vivent en colonies dans des fourmilières. Leur présence dans une pelouse ne pose pas de sérieux problèmes, mais simplement des désagréments. En fait, grâce aux galeries souterraines qu'elles creusent, les fourmis contribuent à l'aération du sol et à la pénétration de l'eau. De plus, elles sont des prédateurs et des **détritivores**. Elles se nourrissent d'œufs de plusieurs espèces d'insectes nuisibles comme les vers blancs.

Détritivore

Qui se nourrit de détritus organiques, en parlant de certains animaux ou bactéries.

Causes et facteurs aggravants

Les fourmis recherchent les sols secs et de texture légère. Elles s'établissent dans les sols mal équilibrés contenant un faible taux de matières organiques.

Correctifs

L'ajout régulier de compost et l'amélioration de la densité du gazon par le sursemis et la fertilisation naturelle constituent une approche simple et peu coûteuse.

Là où les sols sont très sablonneux, il est préférable de s'habituer à la présence des fourmis, parce qu'il est presque impossible de modifier les conditions environnementales pour éviter leur présence. L'emploi de pesticides ne fait diminuer leur population que temporairement. Mieux vaut s'y faire et investir dans la santé du sol et de la pelouse. Opter pour une écopelouse constituée en partie de thym (répulsif et très résistant aux sécheresses) est une bonne solution.

Pour améliorer la qualité du sol, on ajoute du compost en effectuant un terreautage annuel.

À court terme, on se débarrasse des fourmis en répandant une bonne couche de marc de café ou de compost sur les fourmilières, puis en arrosant copieusement. On répète au besoin. On peut aussi inonder les fourmilières à l'aide d'un boyau d'arrosage et de façon répétitive. La méthode qui consiste à ébouillanter les nids est à proscrire sur le gazon.

Les maladies

L'apparition de maladies dans le gazon est le résultat de l'interaction entre trois composantes. Il faut une plante susceptible, la présence d'un agent pathogène et un environnement favorable au développement de la maladie. Il est important de bien comprendre que la maladie ne peut se déclarer que si les trois facteurs sont réunis.

Agent pathogène

Organisme qui peut causer la maladie chez l'hôte. Dans le cas des maladies du gazon, ce sont généralement des champignons microscopiques.

La rouille

Symptômes

Les graminées donnent l'impression d'être couvertes de rouille. Les souliers se recouvrent de rouille lorsque l'on marche sur la pelouse.

Il est facile d'identifier la rouille sur les graminées.

Identification et dépistage

De petits points jaunes se transforment avec le temps en petites pustules orangées. Il s'agit d'une maladie fongique, la rouille (*Puccinia* spp.). Le piétinement et la tonte sont ses principaux modes de dissémination. Rarement grave, elle affaiblit le gazon, mais ne le tue pas.

Causes et facteurs aggravants

La compaction du sol, les conditions humides, les températures chaudes, la présence de rosée qui persiste sont toutes des conditions favorables à l'extension de la rouille.

Correctifs

La mise en place d'une gestion de pelouse sans pesticide ou d'une écopelouse minimise la présence de cette maladie. À court terme, une fertilisation foliaire ou racinaire (N et K) et l'application de biostimulants aident le gazon à récupérer. Si le sol est compact, on procède à l'aération et on effectue un terreautage de compost.

Les cercles de fées ou ronds de sorcières

Symptômes, identification et dépistage

Ils peuvent prendre différentes formes. Parfois on observe des zones circulaires de gazon plus vert et plus vigoureux où les cercles sont peuplés de champignons. D'autres fois, les zones circulaires sont peuplées de champignons, mais sans

ÉLOIGNER LES CERCLES DE FÉES
À moyen terme, il est recommandé de faire une aération et d'appliquer régulièrement du thé de compost oxygéné ou de terreauter avec du compost.

halo vert. Il arrive parfois que le cercle de gazon meure, affectant ainsi la qualité de la pelouse.

Ce phénomène est dû à la présence de champignons dans le sol. Le champignon croît en formant une zone circulaire, car il sécrète une substance qui inhibe sa propre croissance. Les cercles de fées ont tendances à réapparaître année après année et peuvent prendre de l'ampleur. Les zones circulaires mesurent de quelques centimètres à plusieurs mètres de diamètre.

Causes et facteurs aggravants

La présence de souche d'arbre ou de racines mortes et un fort taux d'humidité dans les sols sont les principales causes de ce phénomène.

Correctifs

On adopte les pratiques de la pelouse sans pesticide, ou on opte pour l'écopelouse. À court terme, on peut tenter d'aérer la pelouse avec un aérateur mécanique, une fourche à bêcher ou un râteau à chaume, pour faire pénétrer l'eau jusqu'aux racines.

Le blanc

Symptômes, identification et dépistage

Les feuilles sont tachées de blanc, comme si on y avait échappé de la peinture blanche. Si le problème perdure, il y a jaunissement et éclaircissement de la pelouse.

Les feuilles sont recouvertes d'une poudre blanche ou grisâtre, le blanc ou oïdium (*Erysiphe graminis*). Le pâturin du Kentucky est particulièrement sensible à cette maladie.

Causes et facteurs aggravants

Cette maladie s'observe dans les endroits ombragés où l'air circule mal, là où l'humidité ambiante est élevée et les températures sont fraîches, ainsi que dans les sols compacts.

ÉVITER LE BLANC
Dans les endroits trop ombragés, on remplace la pelouse par des couvre-sol ou on favorise l'établissement de la mousse.

Correctifs

On taille les arbres et autres végétaux pour augmenter la circulation d'air et de la lumière. On aère le sol, on fait un terreautage de compost, on fertilise avec un engrais 100 % naturel et on effectue des vaporisations de biostimulants.

La moisissure des neiges

Moisissure des neiges

Symptômes, identification et dépistage

Après la fonte des neiges, des taches jaune paille apparaissent sur la pelouse. Elles forment des plaques circulaires ou irrégulières, recouvertes d'un épais mycélium gris. Elles peuvent mesurer jusqu'à 100 cm (40") de diamètre. Il s'agit de la moisissure des neiges (*Typhula* spp.). Bien qu'impressionnante, cette maladie fongique n'est pas dramatique et disparaît avec l'arrivée du beau temps.

Causes et facteurs aggravants

L'accumulation et l'amoncellement de neige sur le gazon pendant de longues périodes, notamment dans les zones de déneigement le long des entrées et des rues, favorisent le développement de la maladie.

Correctifs

À la fin de l'hiver, on doit déblayer les endroits où on a accumulé la neige. À la fin de l'automne on tond court et on évite de fertiliser avec de l'azote.

Si le problème apparaît, on ratisse les zones affectées aussitôt que le sol est bien drainé. Par la suite, on terreaute ou on fait une application de biostimulant.

Champignons

Les champignons supérieurs

On note une présence de champignons sur la pelouse. Cette apparition indique l'existence de matières organiques (chaume, racines d'arbres abattus, etc.) dans le sol et de conditions environnementales favorables (pH acide, humidité élevée).

Si la présence de champignons incommode, on les ratisse pour les déloger. Pour une solution à long terme, on creuse et on retire les souches ou racines d'arbres enfouis ou toutes autres sources de matières organiques. Si le chaume est important, on procède à une aération et à l'ajout de compost et de thé de compost.

Si pour beaucoup de jardiniers plusieurs herbes sont « mauvaises », pour d'autres, ces mêmes plantes sont synonymes d'information.

« Mauvaises herbes », adventices ou plantes indicatrices ?

DANS UNE VISION DE PELOUSE SANS PESTICIDE, mais surtout dans celle d'une écopelouse, la notion de « mauvaises herbes » est très différente de celles habituellement utilisées pour les pelouses industrielles. En effet, selon la définition officielle, ce sont des « *Plantes herbacées ou ligneuses, vivaces ou annuelles, croissant dans un endroit où leur présence est non désirée et venant interférer avec la bonne croissance des plantes voulues dans les lieux.* » (*Le grand dictionnaire*, Office de la langue française). Cependant, la définition même montre que ce jugement est personnel et fonction de l'emplacement et non des qualités ou des défauts intrinsèques aux plantes. Dans ces conditions, le qualificatif « mauvais » est mal choisi.

L'herbe à puce doit être considérée comme une mauvaise herbe.

Bien sûr, il existe de « vraies » mauvaises herbes, comme l'herbe à puce et les plantes exotiques envahissantes, car elles causent un danger pour les gens ou pour l'environnement. Par contre, le trèfle, qui contribue à améliorer la fertilité du sol en fixant l'azote atmosphérique, n'est peut-être pas désiré dans un gazon grand prestige ou une pelouse industrielle. Doit-on pour autant le qualifier de « mauvais » ?

C'est pour contourner cette notion que plusieurs horticulteurs préfèrent les appeler adventices.

De précieux alliés ?

Pourquoi certaines adventices s'installent-elles spontanément dans les pelouses ? Pour « ennuyer » les jardiniers ? Pas du tout. En fait, c'est parce que l'environnement est propice à leur établissement. Ce sont de précieuses alliées qui, dans bien des cas, protègent et améliorent les sols. L'adventice n'est donc pas l'ennemi de la pelouse, mais le signe de piètres conditions de sol et de pratiques culturales fautives.

Le pissenlit puise le calcium en profondeur. Sa présence a pour conséquence d'améliorer la qualité du sol.

À ce titre, le pissenlit est un bon exemple. Il croît bien dans un sol pauvre en calcium. Il s'installe et se développe là où plusieurs autres plantes sont incapables de s'implanter et proliférer. À l'aide de sa racine pivotante qui peut atteindre plus de 30 cm de profond, le pissenlit absorbe le calcium et autres minéraux des profondeurs et les concentre dans ses tissus (feuilles et tiges). Une fois l'hiver arrivé, la partie aérienne meurt, les feuilles et les tiges sont décomposées par les microorganismes où le calcium s'accumule et est rendu disponible pour la croissance des plantes.

Plusieurs avantages

Les adventices qui peuvent survivre et se reproduire là où d'autres plantes périraient ont comme avantages de couvrir le sol, de le protéger de l'érosion et de l'améliorer (texture, structure, fertilité, etc.).

Des plantes indicatrices

« *Le pissenlit croît dans un sol pauvre en calcium.* » Cette affirmation permet de dire que si des pissenlits poussent spontanément dans ce type de sol, c'est qu'il manque de calcium. En fait, la plante nous « *indique* » certaines caractéristiques du sol. La plupart des adventices sont des plantes indicatrices des caractéristiques et de la santé d'un sol.

ABSENT, INSUFFISANT OU NON ASSIMILABLE ?

Dans le sol une carence en élément nutritif (Ca, P, K, etc.) peut signifier, que celui-ci est absent, qu'il est présent en quantité insuffisante, ou encore qu'il est présent sous une forme non assimilable par la plante. Selon le cas on doit faire des apports de cet élément ou modifier les conditions de sol (en modifiant le pH par exemple) afin de le rendre assimilable.

ACHILLÉE MILLEFEUILLE (*ACHILLEA MILLEFOLIUM*)

Cette plante vivace pousse au plein soleil dans les sols secs et sablonneux, infertiles, pauvres en matières organiques. Elle indique des carences en potassium, calcium, phosphore et azote.

HERBE À POUX (*AMBROSIA ARTEMISIIFOLIA*)

Cette fleur annuelle, opportuniste, pousse dans les endroits ensoleillés, là où il y a peu de compétition, dans une pelouse clairsemée, abîmée par les insectes ravageurs ou le déneigement. Elle aime les sols pauvres et secs et les sols argileux, compacts. Elle indique des carences en calcium et en potassium et de possibles présences de sels de déglaçage.

BARDANE (*ARCTIUM* SPP.)

Cette fleur bisannuelle à racine pivotante pousse dans les terrains très pauvres, compacts à faible taux de matière organique. Sa présence indique des carences en calcium, en phosphore et en manganèse et parfois un excès en potassium, en magnésium et en fer.

DIGITAIRE (*DIGITARIA* SPP.)

Cette fleur annuelle de saison chaude germe au printemps et meurt en octobre. Opportuniste, elle pousse dans les pelouses clairsemées ou endommagées par les punaises velues ou les vers blancs. Elle préfère les milieux perturbés, humides, compacts, sablonneux et pauvres en matières organiques. Elle indique un sol carencé en calcium, mal drainé, dont l'irrigation superficielle est fréquente et des tontes courtes. Elle tolère les sels et les sécheresses.

FRAISIER SAUVAGE (*FRAGARIA* SPP.)

Cette plante vivace, qui vit en colonies, préfère les sols acides, sablonneux, mais pousse aussi sur les sols argileux et compacts à faible teneur en matière organique. Elle indique une carence en calcium et en phosphore.

LAITERON DES CHAMPS (*SONCHUS ARVENSIS*)

Cette plante vivace est souvent confondue avec le pissenlit. Elle aime les endroits ensoleillés et les sols argileux et riches. Elle indique des carences importantes en calcium et en potassium et un faible taux de matière organique.

LIERRE TERRESTRE (*GLECHOMA HEDERACEA*)

Cette plante vivace rampante aime les endroits ombragés et humides, mais aussi les milieux ensoleillés. Elle s'adapte à tous les types de sols, même les sols compacts. Elle peut envahir la pelouse lorsque celle-ci est affaiblie (carences, tonte courte, etc.).

LOTIER CORNICULÉ
(*LOTUS CORNICULATUS*)

Cette plante vivace est une légumineuse envahissante qui pousse en milieu ouvert (tolère l'ombre), sur les talus en plein soleil, dans les sols pauvres et secs. Elle indique un sol carencé en azote (elle fixe l'azote). Tolère les sels de déglaçage.

LUPULINE (*MEDICAGO LUPULINA*)

Cette légumineuse annuelle pousse en milieu sablonneux, pauvre en azote et en matière organique, infertile, sec et ensoleillé. Elle indique parfois des excès en magnésium. Elle pousse sur des pelouses où la tonte est courte et tolère les sels de déglaçage. Elle fixe l'azote.

MOURON DES OISEAUX
(*STELLARIA MEDIA*)

Plante annuelle rampante, de port délicat, elle pousse dans plusieurs types de milieux, mais préfère les sols humides et riches. Indique des tontes trop courtes et un sol carencé en matière organique, très carencé en calcium et en phosphore et en excès de potassium.

MOUSSE (*MUSCI* SPP.)

Il en existe de nombreuses espèces. Elle préfère généralement les sols compacts, très humides (mauvais drainage), infertiles en milieux ombragés et où la circulation d'air est insuffisante. Elle peut néanmoins croître sur des sites ensoleillés, compacts et humides. Indique un sol carencé en calcium, en phosphore et en azote ou ayant tendance à l'acidification.

OXALIDE D'EUROPE
(*OXALIS STRICTA*)

Cette plante vivace opportuniste s'adapte à plusieurs types de sols : acides, secs et ou humides, argileux, à l'ombre ou au soleil. Indique un sol carencé en humus, en calcium, en phosphore et en azote. Tolérance aux sels de déglaçage.

PISSENLIT (*TARAXACUM OFFICINALIS*)

Cette plante vivace à racine pivotante pousse dans les sols compacts où il y a peu de matières organiques. Elle indique une carence en calcium et un excès de potassium. Opportuniste, elle s'adapte à diverses conditions de croissance.

PETITE OSEILLE
(*RUMEX ACETOSELLA*)

Cette plante vivace croît en sols sablonneux ou même caillouteux, acides, pauvres en matières organiques et ombragés. Indique une carence en azote et en calcium et peut indiquer un excès de magnésium.

Plantain majeur
(*Plantago major*)

Cette plante vivace opportuniste préfère les sols lourds, compacts et humides au pH légèrement acide à acide. Elle pousse aussi bien au soleil qu'à l'ombre. Indique un sol compacté et une tonte courte.

Prêle des champs
(*Equisetum arvense*)

Cette plante vivace se reproduit par rhizome souterrain et par spores. Elle s'adapte à tous les sols : acides, sablonneux et caillouteux, mais préfère les endroits mal drainés et humides. Indique une carence en calcium et en phosphore ainsi qu'un taux d'humus faible.

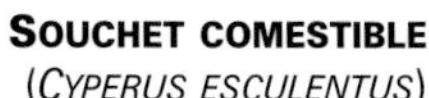

Renouée des oiseaux (*Polygonum aviculare*)

Cette fleur annuelle rampante pousse dans les sols acides, argileux, secs, compacts, mal drainés. Elle indique un sol carencé en matières organiques, en calcium et en phosphore. Attention aux excès de magnésium, éviter la chaux dolomitique dans les sols déjà riches en magnésium. Tolère le sel de déglaçage.

Souchet comestible
(*Cyperus esculentus*)

Cette plante vivace à rhizomes et tubercules pousse en sols sablonneux et en milieux humides, là où le drainage est mauvais, là où il y a excès d'humidité. Indique une carence en humus, en calcium et en phosphore (il peut être présent, mais non disponible) et parfois un excès de potassium et de magnésium.

Trèfle blanc (*Trifolium repens*)
et **trèfle alsike**
(*Trifolium hybridum*)

Cette légumineuse vivace pousse très bien en sol infertile, car elle fixe l'azote. Indique un manque d'azote, dans certains cas un excès d'eau (argile) ou une carence en eau (sable).

Tussilage ou pas-d'âne (*Tussilago farfara*)

Cette plante vivace pousse dans les sols sableux, graveleux ou argilocalcaires et aussi ceux qui sont compacts et humides. Indique un endroit perturbé où il y a peu de compétition.

La bardane indique que le sol a besoin d'aération, d'ajout de matières organiques et de chaux.

Le système AIDEE

Si, dans certaines conditions, les adventices ne sont pas les bienvenues dans les pelouses, pour les contrôler il faut comprendre pourquoi elles sont là. Il faut donc apprendre à bien les connaître pour pouvoir modifier les conditions qui ont favorisé leur établissement et leur prolifération. Pour ce faire, on peut utiliser le système AIDEE. Il consiste à :

- ANALYSER la situation et les attentes ;
- IDENTIFIER les adventices présentes et leur biologie ;
- DÉCOUVRIR leurs rôles et ce qu'elles indiquent ;
- ÉLIMINER, si nécessaire, avec des méthodes appropriées ;
- EMPÊCHER qu'elles ne s'établissent à nouveau.

Analyser

Cette première étape consiste à évaluer le pourcentage d'adventices présentes dans la pelouse et à établir un seuil de tolérance. Celui-ci varie en fonction du type de gestion de pelouse. Par exemple, la présence de certaines adventices est acceptable dans une écopelouse, mais est peut-être indésirable dans une pelouse sans pesticide. Cette analyse permet donc de définir ses priorités.

Identifier

Il est primordial de bien identifier les adventices à la fois pour choisir celles qu'on décide d'éliminer et la manière dont on va les éliminer. Identifier les adventices permet aussi de discerner celles qui sont dommageables, particulièrement celles qui causent des problèmes de santé ou des désagréments (dermatite, inconfort, potentiel d'envahissement, etc.). Cela permet aussi d'établir la classe de plantes : graminées (monocotylédones) ou herbes à larges feuilles (dicotylédones), ainsi que le cycle de développement : annuel, bisannuel ou vivace.

Connaître le cycle de développement de la plante permet de choisir les techniques de contrôle appropriées ainsi que le meilleur moment pour intervenir. Par contre, peu importe le type d'adventice ou son cycle, si elle n'est pas bienvenue dans la pelouse, il est fondamental de ne jamais la laisser produire des graines.

Annuelle

Plante qui germe, fleurit, fait des graines puis meurt dans la même année. Elle se reproduit par ses semences.

Bisannuelle

Plante qui germe la première année, puis fleurit, fait des graines et meurt l'année suivante. Elle se reproduit par ses semences.

Vivace

Plante qui peut vivre des années et produire des graines annuellement. Elle se reproduit par ses semences, ses tiges (stolons, etc.) et ses racines.

ANALYSE GRATUITE
En ce qui me concerne, l'étape «Découvrir» est la plus intéressante, car c'est ici que l'on déchiffre le cadeau que la nature offre : un petit labo de diagnostic du sol tout à fait gratuit.

Découvrir

Comme mentionné précédemment, les adventices peuvent servir de plantes indicatrices et fournir des renseignements sur les conditions du site et du sol. Certaines dénotent aussi la qualité des pratiques de tonte et de fertilisation. Même si on décide de les enlever, interpréter ce que les adventices ont à «dire» est crucial.

Éliminer

Une fois l'analyse, l'identification et la découverte réalisées, on peut décider du type et de la quantité d'adventices qu'on souhaite éliminer. Toutefois, avant d'entreprendre cette étape on doit connaître l'influence du cycle de développement sur les approches et les outils de contrôle.

Les adventices annuelles et bisannuelles

Pour les contrôler, on peut :

- les arracher avant qu'elles ne produisent de graines ;
- les étouffer en faisant un sursemis printanier ;
- les enrayer en coupant le gazon à une hauteur de 7 à 8 cm de hauteur (± 3") ;
- les brûler à l'aide d'une torche au propane ou d'un produit herbicide naturel ;
- les empêcher de germer en appliquant du gluten de maïs au printemps et à la fin de l'été.

Les adventices vivaces

Ce sont les plus difficiles à contrôler et à éliminer, surtout si elles se reproduisent par stolons et rhizomes. Toutes les méthodes efficaces pour les adventices annuelles ou bisannuelles peuvent être utilisées. On y ajoute :

- l'arrachage manuel incluant toutes les racines. Par exemple, le pissenlit possède une racine pivotante qui peut régénérer une plante si elle n'est pas complètement retirée lors de l'arrachage ;
- le décapage des surfaces envahies. On peut décaper de petites surfaces à l'aide d'une pelle carrée. Les plus grandes surfaces doivent être décapées à l'aide d'une détourbeuse ou d'un *rotodairon* ;
- la solarisation quand il faut détruire toute la végétation.

UN HERBICIDE PAS CHER
Le meilleur herbicide est une pelouse dense, tondue à 7,5 cm (± 3″) et en santé.

Empêcher

Pour prévenir le retour des plantes non désirées, il faut modifier les conditions propices à leur établissement. Voici des exemples de modifications possibles :

- changer le pH par l'ajout d'amendements organiques (compost) ou minéraux (chaux, etc.) ;
- aérer et décompacter le sol ;
- améliorer le drainage ;
- modifier l'arrosage ;
- modifier le degré d'éclairage par l'élagage des arbres ;
- ajuster la fertilisation (réduire ou augmenter l'azote, etc.) ;
- modifier la régie de tonte, etc.

En bref, plus on veut une pelouse où les graminées prédominent, plus il faut investir dans le sol et dans les bonnes pratiques.

Les outils

Depuis quelques années, l'industrie redouble d'ardeur dans la mise en marché d'outils conçus pour l'arrachage manuel des mauvaises herbes.

Couteaux et pinces-sécateur

Utiles pour trancher les racines fibreuses des mauvaises herbes. Il faut trancher sous la couronne de la plante et sectionner la talle de racines (plantain, digitaire, etc.).

Arrache-pissenlit manuel

Simples de fabrication et économiques, ces outils à manche long permettent d'arracher les mauvaises herbes sans mettre genoux à terre. Ils sont surtout conçus pour l'arrachage des pissenlits.

L'arrachage des racines de mauvaises herbes avec ce type d'outil laisse des trous qui doivent être remplis de terre et de compost et réensemencés pour éviter que ne se rétablissent des mauvaises herbes. Durant l'arrache on garde à portée de main un seau rempli de compost auquel on a préalablement ajouté des semences à gazon. Après l'arrachage, on répand une fine couche (1 cm) et on tapote légèrement pour s'assurer que les semences sont en contact avec le sol. Par la suite on surveille l'arrosage.

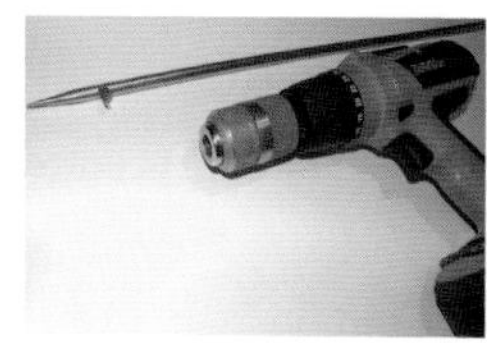

Perceuse-désherbeuse

Cette mèche, que l'on installe sur une perceuse, permet à l'utilisateur, en un tour de main, de retirer les racines profondes. Efficace même pour les adventices à racine pivotante, cet outil permet de rester debout.

Toile de solarisation

Cette technique est utilisée avant l'établissement d'une nouvelle pelouse ou pour rénover une section de pelouse envahie de mauvaises herbes.

Après avoir bien arrosé la zone choisie, on pose et on maintient au sol les toiles de plastique noir. On attend plusieurs semaines de temps ensoleillé, voire toute une saison.

Une fois la végétation détruite, on procède à la préparation du sol, puis à l'implantation de la pelouse.

Arrache-pissenlit à pression d'eau

Attaché au boyau d'arrosage, un jet d'eau puissant permet de liquéfier les sols argileux et retirer les racines sans les sectionner, ce qui élimine toute possibilité de repousse. Facile à employer pour supprimer les adventices à racines pivotantes même dans l'argile, il présente le désavantage de nécessiter l'utilisation d'eau.

Les herbicides à faible impact

Il existe aujourd'hui (c'est récent), des produits qui permettent de contrôler les mauvaises herbes sans qu'ils aient un effet très néfaste sur la santé humaine et pour l'environnement : ce sont des herbicides à faible impact.

Les produits commerciaux

Herbicide à partir d'acide gras et d'acide acétique

Ce sont des herbicides de contact, composés d'environ 20 % d'acides acétique et citrique, ou acides gras, qui agissent en brûlant les tissus de la plante. Les feuilles et les tiges touchées par le produit s'assèchent et meurent. Les résultats sont apparents dans les heures suivant l'application. Attention : il faut répéter l'application sur la végétation qui repousse. Non sélectifs, ils sont peu efficaces sur les

PAS SANS IMPACTS

Attention, les pesticides (herbicide, insecticide et fongicide) à faible impact, bien que naturels, peuvent néanmoins avoir des répercussions sur la santé et l'environnement. Avant de les utiliser, on devrait toujours prioriser les autres méthodes, notamment les pratiques culturales.

plantes à racines pivotantes ou ayant des structures de réserves (bulbilles, rhizomes, racines ligneuses).

Pour de meilleurs résultats, on applique de façon à bien recouvrir tout le feuillage de la plante à éliminer. On choisit les journées chaudes, sèches et ensoleillées. On augmente la concentration par journées nuageuses et fraîches.

Les produits sont commercialisés en liquide concentré ou prêt à l'emploi.

Extraits de betterave

Produit élaboré à partir de mélasse et d'urée, cet engrais-herbicide est offert par les entreprises d'entretien de pelouse. Sélectif, il détruit le trèfle. Il doit être appliqué plusieurs fois pendant l'été et on n'obtient des résultats significatifs qu'après deux ou trois ans d'utilisation.

Mise en garde

Si après un seul traitement aux extraits de betterave les résultats sont spectaculaires, si les tiges et les feuilles des mauvaises herbes traitées se recroquevillent sur elles-mêmes en forme de tire-bouchon, il n'y a aucun doute que des herbicides de synthèse, comme le 2-4D ou de dicamba, ont été ajoutés. Attention donc aux entreprises malveillantes.

Le gluten de maïs ne détruit pas les plantes déjà établies.

Farine de gluten de maïs

Il ne s'agit pas à proprement parler d'un herbicide, mais plutôt d'un inhibiteur de germination. Il est considéré comme un engrais et un herbicide non sélectif de préémergence. Non sélectif, il empêche toutes les graines de germer, même celles des graminées. On doit attendre six semaines avant de semer ou de faire un sursemis.

Particulièrement efficace pour circonscrire le pissenlit, le plantain et la digitaire, la farine de gluten de maïs agit en inhibant la formation des racines durant la germination des graines. Lorsque la plante manque d'eau, elle meurt. Pour augmenter les chances de réussite sur une pelouse déjà établie, on peut effectuer deux applications annuellement. Si on l'étend trop tard, l'azote présent dans le mélange stimule la croissance des mauvaises herbes et exacerbe le problème.

L'application se fait au printemps, quand les lilas et les forsythias commencent à fleurir. Une seconde application peut aussi être effectuée après la fête du Travail. On épand de 9 à 10 kg par 100 m^2 (18 à 20 lb/1 000 pi^2), après application, s'il ne pleut pas dans les jours qui suivent on doit arroser. Il faut penser à ajuster la fertilisation d'azote à la baisse, car le gluten contient 9 à 10 % d'azote.

Les bioherbicides

Efficace contre les pissenlits et autres mauvaises herbes à larges feuilles, le *Sarritor Technical* est fabriqué à partir d'un champignon, *Sclerotinia minor*. Appliqué sur la pelouse, ce champignon s'attaque aux plantes à larges feuilles, mais attention, c'est un organisme pathogène pour des centaines de végétaux utilisés en aménagement paysager ; il faut donc éviter d'utiliser ce produit dans le potager ou sur les végétaux d'ornement. Cet herbicide biologique ne sera pas vendu avant 2009 ou 2010 !

À CHACUN SA MÉTHODE

BARDANE
Arrachage mécanique et manuel. Modification des conditions du sol (chaux et compost).

DIGITAIRE
Arrachage mécanique et manuel, chaulage, sursemis, gluten de maïs au printemps et tonte haute.

FRAISIER SAUVAGE
Arrachage mécanique et manuel pour retirer stolons et racines. Ajout de chaux. Aération et terreautage.

HERBE À POUX
Arrachage mécanique et manuel, ajout de gypse et sursemis.

LIERRE TERRESTRE
Difficile à contrôler. Arrachage mécanique et manuel au printemps en retirant toutes les parties de la plante. Aération, terreautage, sursemis et engrais naturel.

LUPULINE
Arrachage mécanique et manuel. Ajout de gypse ou de chaux calcique, de compost et engrais naturel. Sursemis et tonte haute.

MOURON DES OISEAUX
Arrachage manuel. Sursemis et apport de compost, de chaux et d'engrais naturels.

MOUSSE
À encourager dans les sites ombragés, frais et humides. Ailleurs, modifier les conditions de culture.

PETITE OSEILLE
Arrachage mécanique et manuel. Ajout de compost et de chaux calcique ou du gypse.

OXALIDE D'EUROPE
Arrachage mécanique et manuel. Ajout de gypse ou de chaux calcique, de compost et d'engrais. Sursemis et tonte haute.

PISSENLIT
Arrachage mécanique et manuel au moment de la floraison (racines épuisées). Tonte et ensachage des fleurs et des semences. Ajout de chaux calcique ou de compost. Sursemis. Gluten de maïs au printemps.

PLANTAIN MAJEUR
Arrachage mécanique et manuel. Tonte haute, aération et terreautage.

PRÊLE DES CHAMPS
Arrachage mécanique et manuel pour déterrer les rhizomes.

RENOUÉE DES OISEAUX
Arrachage mécanique et manuel avant la production de graines. Aération, terreautage, ajout de chaux calcique ou gypse et engrais naturels.

SOUCHET COMESTIBLE
Arrachage mécanique et manuel des rhizomes et des tubercules. Éviter les excès d'eau. Aérer le sol et correction des carences en calcium.

TUSSILAGE
Difficile à contrôler. Arrachage mécanique et manuel des rhizomes de manière répétée.

Références bibliographiques

Alex, J.F. *Ontario weeds,* Ministère de l'Agriculture, de l'Alimentation et des Affaires rurales de l'Ontario. Publication n° 505. Toronto, 2001.

Bormann, F. Herbert et al. *Redesigning the American Lawn, a Search for Environmental Harmony,* Second edition, Yale University Press, New Haven (CT), 2001.

Brede, Doug. *Turfgrass Maintenance Reduction Handbook: Sports, Lawns and Golf,* John Wiley & Sons, Inc., Hoboken (NJ), 2000.

Bouchard, Claude J. et Néron, R. *Guide d'identification des mauvaises herbes du Québec,* Conseils des productions végétales du Québec inc., Québec, 1998.

Doucet, Roger. *La science agricole,* Éditions Berger, Eastman, 1992.

Franklin, Stuart. *Building a Healthy Lawn, a Safe and Natural Approach,* Storey publishing, North Adams (MA), 1998.

Ingham, Elaine et Rollins, Carole A. *Adding Biology for Soil and Hydroponic Systems,* Sustainable Studies Institute, Corvallis (OR), 2006.

Ingham, Elaine et al. *Soil Biology Primer,* Soil and Water conservation society, Ankeny (IO), 2000.

Lefebvre, Daniel et Fisher, Susan. *L'Aménagement paysager chez soi – Guide canadien,* Société canadienne d'hypothèques et de logement, Ottawa, 2004.

Lévesque, Micheline. *Le guide complet des pesticides à faibles impacts et autres solutions naturelles,* Isabelle Quentin éditeur, Montréal, 2005.

Lévesque, Micheline. *Guerre fongique aux pissenlits (Sarritor), Québec Vert,* vol. 29, n° 7, octobre 2007, Québec.

Lowenfels, J. et Lewis, W. *Teaming with Microbes: A Gardeners Guide to the Soil Food Web*, Timber Press, Portland (OR), 2006.

Michaud, Lili. *Tout sur le compost,* Éditions MultiMondes, Québec, 2007.

Pfeiffer, Ehrenfried. *Weeds and what they Tell,* Bio-dynamic farming and gardening association, Junction City (OR), 1970.

Potter, Daniel. *Destructive Turfgrass Insects: Biology, Diagnosis and Control,* John Wiley & Sons, Inc., Hoboken (NJ), 1998.

Renaud, Michel. *Fleurs et jardins écologiques: L'art d'aménager des écosystèmes,* Bertrand Dumont éditeur in., Boucherville, 2005.

Sachs, Paul. *Managing Healthy Sports Fields,* John Wiley & Sons, Inc., Hoboken (NJ), 2004.

Schultz, Warren. *The Chemical Free Lawn,* Rodale Press, Emmaus (PA), 1989.

Sears, Mark K. et al. *Maladies et insectes ravageurs des gazons en Ontario,* Ministère de l'Agriculture, de l'Alimentation et des Affaires rurales de l'Ontario, Toronto, 1996.

Smeesters, Édith. *Pelouses et couvre-sols,* Broquet, Boucherville, 2000.

McCaman, Jay. L. *Weeds and why they Grow.* Jay L. McCaman, Sand Lake (MI), 1994.

Statistique Canada 2007. *Canadian Lawns and Gardens: Where are they the "Greenest"?,* EnviroStats, vol. 1, n° 3, hiver 2007, Ottawa.

Steinberg, Ted. *American Green, the Obsessive Quest for the Perfect Lawn*, W.W. Norton & Co., New York (NY), 2006.

Tukey, Paul. *The Organic Lawn Care Manual,* Storey publishing, North Adams (MA), 2007.

Vittum, Patricia J. *Turfgrass Insects of the United States and Canada,* Cornell University Press, Ithaca (NY), 1999.

Walters, Charles. *Weeds, Control without Poison*, Acres U.S.A, Austin (TX), 1999.

Wetmore, Jack et Browne, Ken. *Le gazon durable,* Association des horticulteurs du Nouveau-Brunswick, Saint John, 2003.

Williamson, Don. *Lawns for Canada, Natural and Organic,* Lone Pine Publishing, Edmonton, 2005.